# Tatort Geschichte – Der Mönch ohne Gesicht

Ein Leseprojekt
zu dem
gleichnamigen Ratekrimi
von
Fabian Lenk

erarbeitet
von
Kirsten Großmann

Illustrationen
von
Dorina Teßmann

## Inhaltsverzeichnis

**Kapitel 1** ............................................. Seite 3
   Aufgaben zu Kapitel 1 ............................ Seite 7

**Kapitel 2** ............................................. Seite 12
   Aufgaben zu Kapitel 2 ............................ Seite 16

**Kapitel 3** ............................................. Seite 22
   Aufgaben zu Kapitel 3 ............................ Seite 27

**Kapitel 4** ............................................. Seite 32
   Aufgaben zu Kapitel 4 ............................ Seite 36

**Kapitel 5** ............................................. Seite 40
   Aufgaben zu Kapitel 5 ............................ Seite 44

**Kapitel 6** ............................................. Seite 50
   Aufgaben zu Kapitel 6 ............................ Seite 55

**Kapitel 7** ............................................. Seite 58
   Aufgaben zu Kapitel 7 ............................ Seite 63

**Kapitel 8** ............................................. Seite 68
   Aufgaben zu Kapitel 8 ............................ Seite 73

**Kapitel 9** ............................................. Seite 78
   Aufgaben zu Kapitel 9 ............................ Seite 83

**Kapitel 10** ............................................ Seite 88
   Aufgaben zu Kapitel 10 .......................... Seite 91

# Kapitel 1

Der Dieb sah sich um. Er war allein.
Vorsichtig tastete er sich durch den dunklen Gang
zur Schreibstube des Klosters. Plötzlich war ganz nah
ein Rascheln zu hören. Panisch fuhr er herum.
Das Geräusch kam vom Boden.
Eine Ratte rannte um ihr Leben. Ein Schatten
folgte ihr. Es war ein Fauchen zu vernehmen, danach
ein klägliches Fiepen. Dann war es wieder still.

9 Der Dieb lächelte angespannt, seine Hände zitterten.
10 Vorsichtig drückte er die Klinke hinunter.
11 Die schwere Tür schwang auf. Das erste Licht
12 des neuen Tages fiel auf die mächtigen Tische
13 in dem verlassenen Raum. Auf den Tischen
14 befanden sich feinste Federn, Tintenfässer und
15 Bimssteine zum Glätten des Pergaments.
16 Doch das Ziel des Diebes lag weiter hinten,
17 in der Bibliothek. Funkelnde Edelsteine und
18 teures Blattgold schmückten die Einbände
19 der kostbaren Bücher. Schnell raffte der Dieb
20 seine Beute zusammen. Er zitterte nicht mehr.

21 Jakob besuchte die äußere Schule des Klosters.
22 Hier wurden die Kinder der Adligen unterrichtet.
23 Jakobs bester Freund Benedictus, kurz Benni genannt,
24 war ein Novize. Benni besuchte die innere Schule
25 für Novizen. Die Novizen lebten auch im Kloster.
26 „Benni muss noch viel mehr pauken als ich", dachte
27 Jakob. Er saß auf der harten Schulbank und stöhnte leise.
28 Hätte doch Karl der Große niemals die Klöster
29 dazu verpflichtet, Schulen einzurichten!
30 Der strenge Lehrer Udalrich ging durch die Reihen.
31 Jakob machte sich auf seiner Bank so klein wie möglich.
32 „Nun, Jakob", sagte Udalrich. „Was bedeutet
33 die lateinische Redewendung *Ora et labora*?"
34 Jakob sah sich Hilfe suchend um.
35 „Wird's bald?", zischte Udalrich.
36 „Tja", stotterte Jakob unsicher. „Ich … äh …"
37 In dieser Sekunde nahte die Rettung, und zwar
38 von draußen.

Vor der Kirche hatte sich eine aufgeregte Menge
um Theodulf, den Bibliothekar des Klosters, versammelt.
„Ruhe da draußen!", brüllte Udalrich hinaus.
„Oh, Bruder Udalrich, es wurde in die Bibliothek
eingebrochen!", rief Theodulf.
Die Bibliothek lag nur einen Steinwurf
von der Schule entfernt.
Udalrich befahl den Schülern: „Raus mit euch!
Der Unterricht ist für heute beendet." Und an Jakob
gewandt zischte er: *„Ora et labora* heißt: Bete und arbeite.
Beherzige das! Wir sprechen uns morgen."
Jakob nickte und sprang eilig davon.

Draußen traf Jakob seinen Freund Benni.
„Schau mal, wer da kommt", sagte Benni und deutete
auf ein Mädchen, das aus der Menschenmenge
auf sie zukam. Das Mädchen hieß Anna und trug
einen Hund auf dem Arm. Er hörte auf den Namen Felix
und hatte kurze, krumme Beine, einen Stummelschwanz
und ein weißes und ein schwarzes Ohr. Bis auf seine
braunen Augen sah Felix eher hässlich aus.
Anna und Benni waren schon viele Jahre lang Freunde,
denn die Bauernhöfe ihrer Eltern lagen nebeneinander.
Doch vor einem halben Jahr war Benni von seinen Eltern
dem Kloster übergeben worden.
Und seitdem er Novize war, durfte er nicht mehr
mit Anna sprechen. Aber im Moment kümmerte sich
niemand darum, mit wem Benni sprach.
Ein Spaßmacher hüpfte die Gasse auf und ab und rief:
„Ein Dieb ging stiften
mit wunderbaren Schriften!"

„Ruhe, der Abt kommt!", befahl jemand.
Die Menschen traten einen Schritt zurück und
Abt Richbod schritt heran.
Theodulf berichtete dem Abt von dem Einbruch
in die Bibliothek.
„Wurde auch das Arzneibuch gestohlen?", fragte der Abt.
Theodulf nickte stumm.
„Ausgerechnet jetzt! Kaiser Karl der Große wird uns
in vier Tagen besuchen. Deshalb sind doch auch
die ganzen Menschen hier. Ich wollte unserem Kaiser
unsere einzigartigen Bücher zeigen!"
Der Abt wandte sich an die Schaulustigen: „Geht!
Lasst uns allein."
Die Menge zerstreute sich. Anna, Benni und Jakob
standen im Schatten eines Hauses zusammen.
Anna setzte den Hund ab und überlegte laut:
„Das Kloster ist reich! Das zieht Diebe an.
Wir sollten einen Blick in die Bibliothek werfen.
Vielleicht finden wir dort einen Hinweis auf den Dieb."
Jakob, Benni und Anna liefen zur Bibliothek.
Eines der Fenster war zerbrochen.
Die Glas-Scherben lagen davor im Gras.
Anna sah nachdenklich aus. „Hier ist etwas faul,
wenn ihr mich fragt!"

*Fortsetzung folgt*

1. In Kapitel 1 schleicht ein Dieb umher.
   Wohin schleicht er? Kreuze an.

   Der Dieb schleicht
   ❑ durch eine dunkle Gasse zu einer Burg.
   ❑ durch einen dunklen Gang und die Schreibstube
     zur Bibliothek in einem Kloster.
   ❑ durch dunkle Keller zu einer Schatzkammer.

2. Der Dieb erkennt im Dunklen eine Ratte,
   der ein Schatten folgt.
   Von welchem Tier ist der Schatten wohl?

a) Du findest einen Hinweis auf Seite 3.
   Lies die Seite noch einmal.
   Berate dich mit einem Partner.

b) Schreibe deine Vermutung auf. Begründe sie kurz.

   _____

   _____

3. Was stiehlt der Dieb?
   Kreise die richtigen Gegenstände ein.

die Kelche aus Gold          die kostbaren Bücher

4. **Hier erfährst du, was ein Kloster ist und wer darin wohnt. Lies den folgenden Sachtext.**

Das Kloster heute und das Kloster früher

1 Ein Kloster ist ein **Gebäude**, in dem die Bewohner
2 **abgeschlossen von der Außenwelt** leben.
3 Die Bewohner heißen **Mönche**, wenn es ein Kloster
4 für Männer ist. Es gibt auch Klöster für Frauen, die
5 **Nonnen** genannt werden. Mönche und Nonnen
6 **widmen ihr Leben nur ihrem Gott**. Sie haben
7 **keinen eigenen Besitz** und **heiraten nicht**.
8 Noch heute ist ein Kloster oft um eine **Kirche** herum
9 gebaut.

10 Ein großes Kloster im **Mittelalter**, also vor ungefähr
11 1000 Jahren, bestand aus verschiedenen Gebäuden.
12 Es gab in einer großen **Kloster-Anlage** zum Beispiel:
13 eine Kirche, eine Bibliothek, eine Schreibstube,
14 Schlafräume, eine Krankenstation, ein Badehaus,
15 Pferdeställe, einen Friedhof und anderes mehr.

5. **Was hast du im Sachtext erfahren? Schreibe die Fragen und die Antworten in dein Heft.**
   - Wie leben die Bewohner in einem Kloster?
   - Wie heißen die Bewohner in einem Kloster für Männer?
   - Wem widmen die Bewohner ihr Leben?
   - Welche Gebäude gab es im Mittelalter in einer großen Kloster-Anlage zum Beispiel?

6. Im Mittelalter wurde mit Feder und Tinte auf Pergament geschrieben.
   **Was ist das Pergament?**

a) Schlage in einem Wörterbuch nach.

b) Schreibe die Erklärung in Stichworten auf.

   das **Pergament**:

   _____

   _____

   _____

7. Du hast in Kapitel 1 diese drei Freunde kennen gelernt.
   Was hast du über sie erfahren? Verbinde.
   Tipp: Lies noch einmal die Seiten 4 und 5.

Jakob

ist die Tochter einer Bauernfamilie. Sie hat einen Hund, der Felix heißt.

Anna

stammt aus einer adligen Familie und darf die äußere Schule des Klosters besuchen.

Benni (Benedictus)

lebt im Kloster und darf dort die innere Schule besuchen.

8. Benni ist ein Novize. **Novize** ist ein Fremdwort.

a) Lies in dem folgenden Wörterbuch-Ausschnitt,
   was das Fremdwort bedeutet und woher es kommt.

b) Unterstreiche das lateinische Wort,
   von dem die Bezeichnung Novize abgeleitet ist.

> der **Novize** / die **Novizin**:
> Bezeichnung aus der lateinischen Sprache
> für einen Jungen oder ein Mädchen,
> das neu in einem Kloster ist.
> Die Bezeichnung Novize / Novizin ist abgeleitet
> von dem lateinischen Wort *novus* = neu.

9. Im Mittelalter war Latein eine weit verbreitete Sprache.
   Auch heute gibt es noch bekannte lateinische Wörter
   und Redewendungen. In Kapitel 1 auf Seite 5
   findet ihr eine lateinische Redewendung.
   Wie lautet sie? Und was bedeutet sie?
   Sprecht in der Klasse darüber.

10. Du lernst in der Geschichte Fremdwörter und
    weitere lateinische Redewendungen kennen.
    Schreibe sie mit der Bedeutung in die Liste
    auf den Seiten 94 und 95,
    dann kannst du sie einfach nachschlagen.

    der Novize → ein Junge, der neu im Kloster ist
    *Ora et labora!* → Bete und arbeite!

11. In Kapitel 1 kommen diese zwei Personen vor, die im Mittelalter tatsächlich gelebt haben.

**Abt Richbod**  **Karl der Große**

a) Informiert euch in kleinen Gruppen über sie. Schlagt in einem Lexikon nach oder sucht gemeinsam mit eurem Lehrer oder eurer Lehrerin im Internet nach Informationen.

b) Schreibt zu jeder Person drei Sätze in euer Heft.

12. Jakob, Anna und Benni hören von dem Diebstahl und laufen zur Bibliothek. Sie hoffen, einen Hinweis auf den Dieb zu finden. Als Anna die Scherben **außen** vor dem Fenster sieht, sagt sie: „Hier ist etwas faul!" Was kombiniert Anna wohl?

a) Sprich mit einem Partner darüber. Das Bild hilft euch.

b) Schreibe deine Vermutung auf. Ergänze den Satz.

Wenn ein Dieb das Fenster **von außen** eingeschlagen hätte, um in die Bibliothek einzubrechen, dann müssten die Scherben _____ liegen.
<sub>Wo?</sub>

# Kapitel 2

„Wenn ein Dieb das Fenster von außen eingeschlagen hätte, müssten die Glas-Scherben innen liegen! Der Täter versucht, eine falsche Spur zu legen", erklärte Anna.
„Du meinst, der Dieb hatte einen Komplizen im Kloster?", fragte Benni. „Das klingt ziemlich abenteuerlich! Das glaube ich nicht. Ich muss jetzt auch los, zum Gottesdienst." Und schon rannte Benni fort, um nicht zu spät zu kommen.

„Sollen wir dem Abt von unserer Entdeckung berichten?", fragte Jakob.
Anna schüttelte den Kopf. „Nein, wir müssen mehr Beweise sammeln. Wir befragen am besten Personen, die in der Nähe waren, als es passierte."

Jakob und Anna mischten sich mit Felix unter die Leute, die von überallher gekommen waren, um Karl den Großen zu sehen. Das Kloster glich mit seinen Werkstätten, Ställen, Scheunen, Gärten und dem Krankenhaus einer kleinen Stadt. In den Gassen hatten fliegende Händler ihre Stände aufgebaut. Zwischen all den Menschen sah man Mönche und Wachen nach dem Dieb suchen.
Felix lief aufgeregt umher, die Nase dicht am Boden. Fast wäre der kleine Hund unter die Räder eines Pferdewagens geraten. Der Bauer, der neben dem Wagen ging, schlug mit einem Stock nach Felix. „Nehmt das hässliche Vieh da weg!", keifte er.
„Hässlich? Das sagen Sie lieber nicht!", rief Anna und lachte. Denn schon zwickte Felix den Bauern ins Bein. Der Bauer schrie auf und schlug wieder nach Felix. Felix aber war zu schnell für den Mann. „Man darf Felix nicht hässlich nennen. Dann beißt er immer zu", erklärte Anna. Der Bauer zog schimpfend weiter.
Als er fort war, sprachen Jakob und Anna zuerst mit einem Obsthändler, dessen Stand der Bibliothek am nächsten war. Der Obsthändler trug elegante, knielange Hosen aus Leinen, einen Kittel, der wie ein langes Hemd aussah, Wadenbinden aus Stoff und Schuhe. Misstrauisch betrachtete er die Kinder.

Jakob zog einen kleinen Beutel hervor und ließ
die Münzen klimpern.
„Wir brauchen eigentlich kein Obst und Gemüse", sagte er.
„Wir sind eher auf der Suche nach –"
„Haben Sie etwas von dem Diebstahl in der Bibliothek
bemerkt?", unterbrach Anna ihren Freund.
„Was geht das euch Rotznasen an? Wollt ihr
etwas kaufen oder nicht?"
Jakob griff nach zwei Äpfeln. „Haben Sie etwas
bemerkt?", fragte er.
Der Händler wog die Früchte ab und antwortete:
„Mir ist ein Reiter in schnellem Galopp aufgefallen.
Das habe ich aber schon den Wachen erzählt."
„Wie sah der Reiter aus?", fragte Anna.
„Er war klein und dick und er hatte einen Sack
über der Schulter. Sein Pferd hatte rötliches Fell."
Der Händler reichte Jakob die Äpfel und nahm
das Geld entgegen. „Und jetzt verschwindet!"
Jakob und Anna gehorchten. Ein paar Meter weiter
bissen sie in die Äpfel.
„Hm", machte Anne und gab auch Felix ein Stück ab.
In der Nähe der Sakristei, eines Nebenraums in der Kirche,
hockte ein Bettler unter einem Baum. Jakob warf
dem alten Mann eine Münze zu. Der fing sie auf.
Dann fragte Jakob den Bettler, ob er etwas Verdächtiges
bemerkt habe.
Der Bettler sagte: „Ich bin von einem Krachen
aufgewacht und habe gehört, wie Glas zerbrach.
Kurz darauf fuhr ein schwer beladener Wagen
an mir vorbei. Eine Plane lag darüber.
Ich konnte nicht erkennen, was darunter war.

70 Zwei Männer saßen auf dem Kutschbock.
71 Der eine schlug mit den Zügeln auf die Pferde ein.
72 Die Männer hatten es wohl sehr eilig."
73 Anna und Jakob stellten noch weitere Fragen, aber
74 mehr bekamen sie aus dem Bettler nicht heraus.
75 Als Nächstes befragten sie eine Frau, die Kräuter
76 verkaufte. Felix hob schnüffelnd seine Nase.
77 „Fort, du …", begann die Kräuterfrau zu schimpfen.
78 „Nennen Sie ihn nicht hässlich", warnte Anna schnell.
79 „Das kann üble Folgen haben."
80 Felix hob den Kopf und knurrte.
81 Mit Jakobs Geld kauften sie der Kräuterfrau
82 ein Säckchen Salbei ab.
83 Dafür erzählte sie ihnen von einem Mönch, der
84 in der Morgendämmerung mit seinem Rappen
85 wie auf der Flucht gewesen war. „Der hat mich fast
86 über den Haufen geritten", schimpfte sie. „Die Kapuze
87 hatte er tief ins Gesicht gezogen, sodass ich ihn nicht
88 erkennen konnte. Außerdem trug er eine goldene Kette.
89 Dabei dürfen Mönche doch gar keinen Schmuck tragen!"

90 Nachdenklich gingen Anna und Jakob weiter.
91 Anna war unzufrieden. „Die Aussagen haben uns
92 alle nicht geholfen, oder?"
93 Weil Jakob nicht antwortete, stieß sie ihn in die Seite
94 und fragte: „Was ist los? Redest du nicht mehr mit mir?"
95 Jakob sah Anna an. „Von wegen, die Befragungen haben
96 uns nicht weitergebracht. Es gab sehr wohl
97 einen entscheidenden Hinweis." *Fortsetzung folgt*

1. **Jakob, Anna und Benni haben die Glas-Scherben entdeckt.
   Was kombinieren die drei jetzt?
   Ergänze die Wörter aus dem Kasten.**

   > Komplizen / außen / hereingelassen /
   > falsche Spur / innen

   Die Glas-Scherben liegen außerhalb des Gebäudes.

   Also hat jemand das Fenster von _____

   eingeschlagen und die Scherben sind

   nach _____ gefallen. Damit will der Dieb

   vermutlich eine _____ legen.

   Vielleicht hat der Dieb einen _____

   im Kloster, der ihn _____ hat.

2. **Jakob möchte dem Abt von der Entdeckung
   der falschen Spur berichten. Was antwortet Anna?
   Streiche die falsche Sprechblase durch.
   Tipp: Lies noch einmal Seite 13.**

   *Ja, das sollten wir so schnell wie möglich machen.*

   *Nein, wir müssen mehr Beweise sammeln. Wir befragen am besten Personen, die in der Nähe waren, als es passierte.*

3. Hier siehst du Abt Richbod. Was tut ein Abt?
   Welche Stellung hat er im Kloster?
   Lies die Sätze am Faden,
   dann erfährst du es.
   Beginne bei „Der Abt".

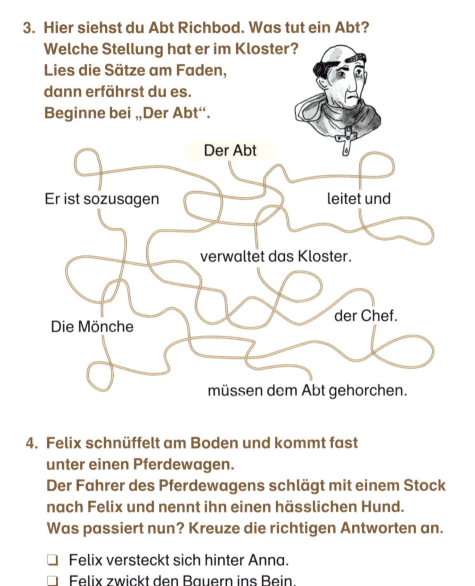

Der Abt

Er ist sozusagen

leitet und

verwaltet das Kloster.

der Chef.

Die Mönche

müssen dem Abt gehorchen.

4. Felix schnüffelt am Boden und kommt fast
   unter einen Pferdewagen.
   Der Fahrer des Pferdewagens schlägt mit einem Stock
   nach Felix und nennt ihn einen hässlichen Hund.
   Was passiert nun? Kreuze die richtigen Antworten an.

   ❑ Felix versteckt sich hinter Anna.
   ❑ Felix zwickt den Bauern ins Bein.
   ❑ Anna sagt, dass man Felix nicht hässlich nennen darf,
     weil er dann immer wegläuft.
   ❑ Anna sagt, dass man Felix nicht hässlich nennen darf,
     weil er dann immer zubeißt.

5. Die Kloster-Anlage gleicht einer Stadt. Was gibt es in der Kloster-Anlage alles? Seht euch den Plan gemeinsam an und sprecht darüber.

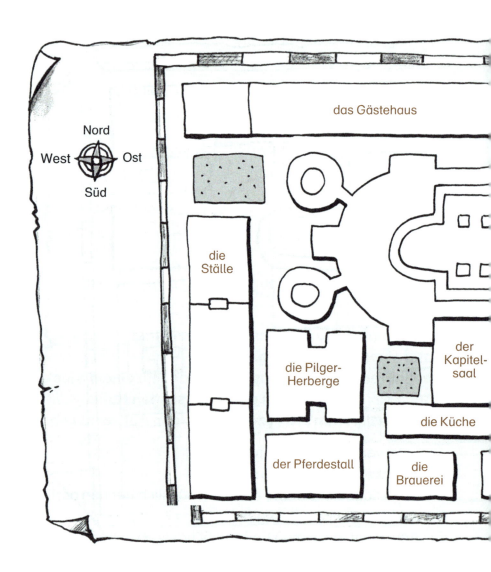

6. Suche die Kirche mit der Bibliothek und der Sakristei:
   – Unterstreiche das Nomen (Namenwort) **die Kirche**.
   – Male die Bibliothek und die Sakristei jeweils in einer anderen Farbe aus.

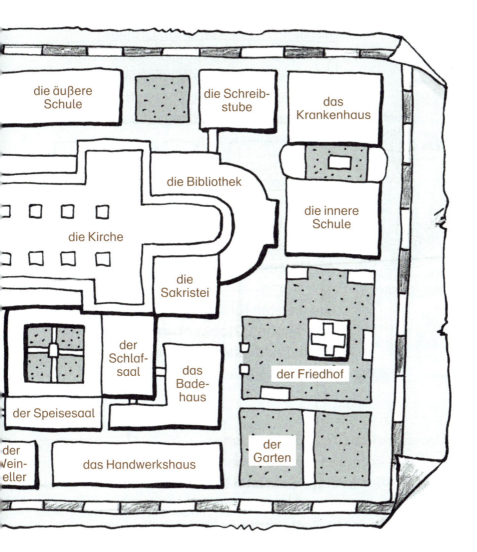

7. Die Kloster-Anlage ist um die Kirche herum gebaut.
   Lies den folgenden Sachtext über Kirchen.

## Die Kirchen

1 Die **Gotteshäuser von Christen**
2 werden Kirchen genannt. Christen
3 kommen in eine Kirche, um zu beten
4 oder gemeinsam Gottesdienste oder
5 eine Heirat oder eine Taufe zu feiern.
6 Im Inneren jeder Kirche gibt es dafür
7 einen großen Raum.

8 In der **Sakristei**, einem Nebenraum,
9 werden Gegenstände aufbewahrt, die
10 für den Gottesdienst benötigt werden,
11 zum Beispiel die Kleidung des Priesters,
12 die Kerzen, die Kelche und die Bücher.

13 Die meisten Kirchen haben
14 einen hohen **Glockenturm**.
15 Bevor der Gottesdienst beginnt,
16 läuten meist die Glocken.

8. Unterstreiche im Sachtext oben:
   – Wozu kommen die Christen in die Kirche?
   – Was wird in einer Sakristei aufbewahrt?

9. Welche anderen Gotteshäuser kennt ihr?
   Sprecht in der Klasse darüber.

10. Trage in die Liste auf Seite 94 ein:

    die Sakristei → ein Nebenraum in der Kirche

11. **Die Kinder befragen drei Zeugen.**
    **Welche Person hat was beobachtet?**
    **Verbinde jede Person mit dem richtigen Bild.**
    **Tipp: Lies noch einmal die Seiten 14 und 15.**

der Obsthändler

rötliches Fell

der Bettler

ein Rappe = schwarzes Fell

die Kräuterfrau

12. **Jakob hat den Zeugen genau zugehört. Ihm kommt**
    **etwas verdächtig vor. Was ist verdächtig?**
    **Sprecht in der Klasse darüber.**

# Kapitel 3

„Wir haben es mit einem falschen Mönch zu tun!",
rief Jakob. „Mönche dürfen gar keinen Schmuck tragen.
Der falsche Mönch hat sich ins Kloster eingeschlichen
und die Bücher gestohlen."
Anna sah Jakob ängstlich an.

„Die Kräuterfrau sagte, dass der Mann die Kapuze
tief in das Gesicht gezogen hatte. Meinst du, wir haben es
mit dem Mönch ohne Gesicht zu tun?", fragte sie.
Jakob erschrak. Der Mönch ohne Gesicht trieb
seit Jahren sein Unwesen im Reich von Karl dem Großen.

Bisher hatte niemand das Gesicht von dem Mönch
gesehen und die Leute sprachen aus lauter Angst
nur hinter vorgehaltener Hand von ihm.
„Wenn das stimmt und sich der Mönch ohne Gesicht
wirklich ins Kloster eingeschlichen hat, dann müssen wir
es dringend Benni erzählen", sagte Jakob zu Anna.
„Ja, du hast recht. Du solltest ihn gleich
nach dem Gottesdienst abfangen. Ich habe versprochen,
meinem Vater zu helfen, die Schweine zur Eichelmast
in den Wald zu treiben. Ich muss los."
Anna winkte zum Abschied und verschwand.

Benni war entsetzt, als er vom Verdacht der Freunde
hörte. Er versprach, auf der Hut zu sein.
*„Valde bona!"*, sagte Jakob. Das hieß: Sehr gut!
„Ich muss jetzt nach Hause. Halte die Augen offen.
Bis morgen."
Benni fiel es schwer, neben allen seinen Pflichten
den geheimen Auftrag zu erfüllen.
Wie die anderen Mönche und Novizen verbrachte er
den ganzen Tag mit Beten und Arbeiten.
Neben den acht Stunden, die er im Sommer und Herbst
auf den Feldern arbeitete, war er mit Lesen oder
dem Abschreiben von wichtigen Büchern beschäftigt.
Und mehrmals am Tag kamen die rund hundert
Glaubensbrüder zum Gottesdienst zusammen.
Nur die Mönche, die weit draußen auf den Feldern
arbeiteten, durften den Gottesdienst dort abhalten.
Benni hatte keinen falschen Mönch entdecken können.
Hundemüde fiel er am Abend auf seine Schlafmatte.
Er träumte von dem Mönch ohne Gesicht.

41 Die unheimliche Gestalt saß auf einem Pferd
42 und hielt in der einen Hand das gestohlene Arzneibuch
43 des Klosters und in der anderen Hand
44 ein brennendes Holzscheit.
45 Mit einem bösen Lachen zündete der Mönch
46 ohne Gesicht das kostbare Buch an. Verzweifelt
47 versuchte Benni, es zu retten, aber es gelang ihm nicht.
48 In seiner Wut riss Benni dem Mönch die Kapuze
49 vom Kopf. Darunter war ein Totenkopf,
50 dessen Augenhöhlen wie Feuer leuchteten.

51 Um zwei Uhr morgens wurde Benni unsanft
52 von einem Mönch geweckt. Es war Zeit,
53 am Nachtgottesdienst, der *Mette*, teilzunehmen.
54 Müde schlich Benni in die Klosterkirche. Er beobachtete
55 die betenden Mönche. In ihren Gewändern, den Kutten
56 mit den großen Kapuzen, sahen fast alle gleich aus.
57 Ob der Mönch ohne Gesicht versuchen würde, sich
58 in die Gemeinschaft einzuschleichen? Unsicherheit und
59 Furcht machten sich in Benni breit. Es fiel ihm schwer,
60 sich auf den Gottesdienst zu konzentrieren.

61 Nach dem Gottesdienst sah Benni plötzlich, dass
62 einer der Mönche in Richtung Speisesaal verschwand.
63 Sollte er ihm folgen? Bennis Neugier war stärker
64 als seine Angst.
65 Der Mönch steuerte auf das Badehaus zu und
66 Benni schlich hinterher. Er konnte nicht erkennen,
67 wer der Mönch war.
68 Der Mönch ging in Richtung Friedhof.
69 Benni folgte in einigem Abstand.

Was wollte der Mönch dort mitten in der Nacht?
Benni schlich mit klopfendem Herzen weiter. Er hörte
Flüstern und leises Lachen. Er bog die Zweige
eines Strauches auseinander. Auf dem Friedhof
stand der Mönch, mit einem anderen Mönch
in ein Gespräch vertieft.
Benni konnte keinen der beiden Männer erkennen
und er verstand kein Wort von ihrer Unterhaltung.
Auf einmal flatterte etwas an Bennis Kopf vorbei.
Er erschrak und stieß einen leisen Schrei aus.
Die Mönche fuhren herum. Benni warf sich
auf den Boden und betete, dass die Männer ihn
nicht entdeckten.
Er hörte ärgerliches Gemurmel und Schritte, die sich
entfernten. Als Benni den Kopf vorsichtig hob, verließen
die zwei dunklen Gestalten gerade den Friedhof.
Rasch rappelte sich Benni auf und schlich hinterher.
Am Eingang des Friedhofs trennten sich die Mönche.
Der eine ging zum Schlafsaal. Benni verfolgte
den anderen Mönch, der plötzlich zu laufen begann.
Benni rannte ihm schwitzend nach.
Er konnte gerade noch sehen, wie der Mönch
in der Pilger-Herberge verschwand. Benni blieb stehen.
Hatte er den falschen Mönch entdeckt?
Sein Herz hämmerte vor Aufregung und Angst.
Benni fürchtete die Strafe für seinen Ausflug. Aber er war
auch stolz. Er wusste jetzt, wo der falsche Mönch
untergeschlüpft war!

Fortsetzung folgt

1. Jakob vermutet, dass ein falscher Mönch
   die wertvollen Bücher aus dem Kloster gestohlen hat.
   Anna fragt, ob der falsche Mönch
   der Mönch ohne Gesicht ist.
   **Warum wird dieser Mönch so genannt? Kreuze an.**

   Der Mönch ohne Gesicht wird so genannt, weil
   ❑ er eine Maske trägt, die sein Gesicht verdeckt und
   weder Augen, Nase noch Mund erkennen lässt.
   ❑ er die Kapuze seiner Kutte so tief ins Gesicht
   gezogen hat, dass noch nie jemand sein Gesicht
   gesehen hat.

2. Jakob schlägt vor, Benni von dem neuen Verdacht
   zu erzählen. Aber Anna kann nicht mitkommen.
   Sie muss ihrem Vater helfen,
   die Schweine zur Eichelmast zu treiben.

a) Das Nomen **Eichelmast** ist aus zwei Nomen
   zusammengesetzt.
   **Lies, was jedes einzelne Nomen bedeutet.**

**die Eichel:**
die Frucht von Eichenbäumen

**die Mast:**
das Füttern von einem Tier,
das später geschlachtet wird

b) **Erkläre das zusammengesetzte Nomen
   die Eichelmast einem Partner.**

3. Benni verspricht, auf der Hut zu sein und die Augen offenzuhalten.
   **Auf der Hut sein** und **die Augen offenhalten** sind Redewendungen. Was bedeuten sie?

a) Berate dich mit einem Partner.

b) Welche Verben (Tuwörter) haben die gleiche Bedeutung wie die Redewendungen? Kreise sie ein.

*warten*   *aufpassen*

*beobachten*   *verschlafen*   *weglaufen*

4. Benni hat als Novize viele Pflichten. Was tut er den Tag über?
   Schreibe zu jedem Bild ein Verb auf.
   Tipp: Lies noch einmal Seite 24.

*auf dem Feld* _____    _____

*Bücher* _____    _____

5. Benni träumt vom Mönch ohne Gesicht.
   Im Traum zieht er ihm die Kapuze vom Kopf.
   Was sieht er darunter?
   Male in den Rahmen.

6. Trage in die Liste auf den Seiten 94 und 95 ein:

   der Pilger → eine Person, die aus religiösen Gründen in fremde Gegenden wandert
   *valde bona* → sehr gut
   *Mette* → der Gottesdienst in der Nacht

7. Benni verfolgt einen Mönch. Wo trifft dieser Mönch einen anderen fremden Mönch?
Markiere den Ort, an dem sich die Mönche heimlich treffen, in dem Plan.
Tipp: Lies noch einmal Seite 26.

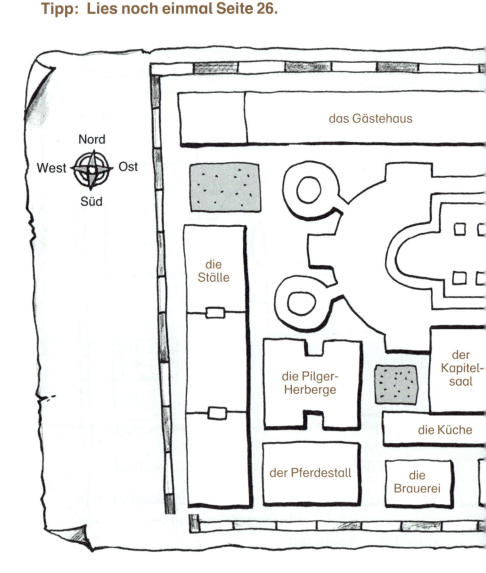

8. Benni verfolgt den fremden Mönch vom Friedhof aus zur Pilger-Herberge.
   Welches ist der kürzeste Weg dorthin?:
   – Zeichne den Weg mit Pfeilen in den Plan ein.
   – Kreise die Pilger-Herberge ein.

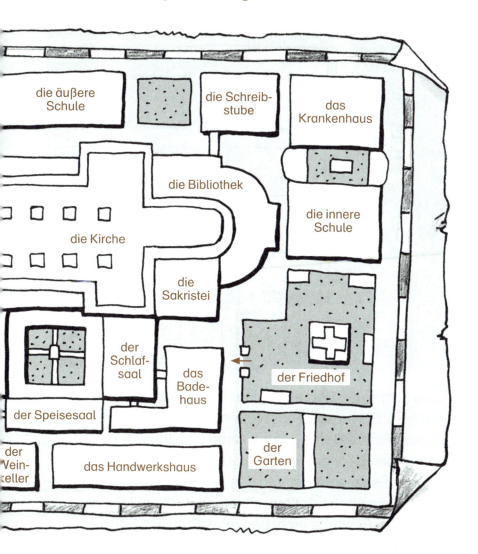

# Kapitel 4

Die Strafe, die Benni von dem Novizenmeister erhielt, war hart. Er wurde zu absolutem Schweigen verdonnert. Dabei brannte Benni darauf, Anna und Jakob von seinen Beobachtungen zu berichten! Benni musste getrennt von den anderen Mönchen im Klostergarten arbeiten. Niemand durfte mit Benni sprechen. Er wurde nicht beachtet. Plötzlich hörte er eine Stimme. „He, Benni!" Es war Jakob, der ihn rief.

9 Anna und Felix waren auch da. Sie hatten sich
10 hinter einem großen Baum versteckt.
11 Vorsichtig schlich Benni zu ihnen hin und erzählte
12 von seinem Abenteuer in der Nacht und von der Strafe.
13 „Ich habe diese Nacht einen verdächtigen Mönch verfolgt,
14 der zur Pilger-Herberge gelaufen ist", sagte Benni.
15 „Dann müssen wir sofort dorthin!", rief Anna.
16 Jakob ballte die Fäuste. „Ich bin dabei! Ein Glück,
17 dass heute kein Unterricht mehr ist."
18 „Ich kann euch leider nicht helfen", sagte Benni.
19 „Wir machen das schon", sagte Anna und legte Benni
20 die Hand auf die Schulter.

21 Jakob und Anna machten sich auf den Weg
22 zur Pilger-Herberge, um dort nach dem verdächtigen
23 Mönch Ausschau zu halten. Sie sahen ihn aber nicht
24 und bemerkten auch nichts Verdächtiges.
25 „Es ist noch zu früh", vermutete Anna. „Komm, lass uns
26 lieber im Stall nachschauen." Sie rannte los.
27 Felix stürmte hinter ihr her.
28 „Wonach suchst du hier?", fragte Jakob, als auch er
29 den Stall erreicht hatte.
30 „Sieh nur!", rief Anna leise. „Da ist der Rappe,
31 von dem die Kräuterfrau gesprochen hat. Der Mönch
32 ohne Gesicht muss also hier sein."
33 Anna blickte sich um. „Wir müssen uns auf die Lauer
34 legen. Irgendjemand wird das Pferd versorgen. Ich helfe
35 heute Abend in der Schankstube aus. Das habe ich
36 schon öfter gemacht. Ich halte dort die Augen offen und
37 du passt auf den Rappen auf. Auf dem Dachboden
38 kannst du dich gut verstecken."

39 Jakob kletterte die wacklige Leiter empor und legte sich
40 über der Box des Rappen auf die Lauer.

41 Als es dunkel wurde, war Anna in der Schankstube.
42 Sie servierte Getränke und Essen und sagte dem Wirt
43 Bescheid, wenn einer der Gäste zahlen wollte.
44 Die Schenke war gut gefüllt. Der Spaßmacher Liafwin
45 saß wie so oft auf einem Tisch und machte seine Späße.
46 Er sang:
47 „Gar böse ist der Abt,
48 weil er keine Bücher hat!"
49 Die anderen Männer lachten und bestellten für Liafwin
50 noch einen Krug Bier.
51 Als Anna ihm den Krug reichte, dichtete er:
52 „Da kommt mein Bier, das lob ich mir!
53 Doch was will hier das hässliche Tier?"
54 Er zeigte auf Felix und die Männer grölten.
55 Felix fletschte die Zähne, sprang mit einem Satz
56 auf den Tisch und zwickte den Spaßmacher in den Fuß.
57 Der Spaßmacher wurde rot vor Ärger. Aber als er merkte,
58 dass die anderen Männer lachten, schluckte er
59 seine Wut hinunter. Er riss noch ein paar Witze und
60 verabschiedete sich dann.

61 Jakob war auf dem Dachboden wohl eingenickt,
62 denn er erwachte von einem Schnauben.
63 Der Rappe unter ihm tänzelte unruhig auf der Stelle.
64 Ein Licht näherte sich.
65 Es war das Licht von einer Laterne, mit der sich
66 ein Mönch den Weg zum Stall leuchtete. Als der Mönch
67 den Stall betrat, stockte Jakob der Atem.

Der Mönch sprach ruhig auf den Rappen ein,
doch dann sah er plötzlich zum Dachboden hoch.
Jakob sah die Augen des Mannes, Raubvogel-Augen!
Voller Panik kroch er in einen Haufen Heu und versteckte
sich. Die Leiter knarzte bei jedem Schritt des Mannes.
Er kam hoch zum Dachboden. Dann war es still.
„War wohl nur irgendein Vieh!", hörte Jakob den Mann
sagen. Wieder knarzte die Leiter. Jakob krabbelte
aus seinem Versteck und spähte nach unten.
Ein zweiter Mönch war dazugekommen.
Ohne ein Wort zu sprechen, überreichte er dem Mönch
mit den Raubvogel-Augen ein Stück Pergament und
verschwand wieder. Der Mönch mit den Raubvogel-Augen
las, was auf dem Pergament stand, und zerriss es.
In kleinen Schnipseln fiel es auf den Boden.
Der Mönch verließ den Stall. Ein Windstoß verteilte
die Schnipsel im Stall.
Mit weichen Knien kletterte Jakob vom Dachboden
hinunter. Rasch suchte er die Fetzen Pergament
zusammen. Dann wollte auch er den Stall verlassen,
aber aus der Dunkelheit sprang eine Gestalt auf ihn zu.
Jakobs Herzschlag setzte für einen Moment aus,
dann erkannte er Felix. Anna folgte ihm.
„Endlich Schluss in der Herberge! Der letzte Gast ist
eben schlafen gegangen!", rief sie. „Ich habe
nichts Verdächtiges beobachtet. Und du?"
Jakob berichtete, was passiert war, und zeigte Anna
die Pergament-Fetzen. Gemeinsam versuchten sie,
die Schnipsel wieder zusammenzufügen – wie
bei einem Puzzle. Plötzlich rief Jakob: „Wir haben es!
Unser Einsatz war nicht umsonst."  Fortsetzung folgt

1. Benni wird hart bestraft, weil er in der Nacht in der Kloster-Anlage herumläuft.
   **Was ist Bennis Strafe?**
   **Kreuze die richtigen Antworten an.**

   ❏ Benni muss schweigen.
   ❏ Benni muss ein ganzes Buch abschreiben.
   ❏ Benni muss allein arbeiten.

2. Schweigen kann einem sehr schwerfallen.
   Und es ist noch schwerer, wenn man der Einzige ist, der nicht reden darf und mit dem nicht gesprochen wird.
   **Sieh dir das Bild an. Wie fühlt sich Benni wohl?**
   **Was könnte er denken? Schreibe in die Denkblase.**

3. **Jakob und Anna laufen zur Pilger-Herberge.**
   **Was tun sie dort? Ergänze passende Verben.**

   Jakob und Anna _____ nach

   dem verdächtigen Mönch, aber sie finden ihn nicht.

   Sie _____ auch im Stall nach.

   Dort _____ sie einen Rappen,

   der dem Mönch ohne Gesicht gehören könnte.

   Jakob _____ sich im Stall.

   Anna _____ den Gästen

   in der Schankstube Getränke und Essen.

4. **In der Schankstube ist auch ein Spaßmacher.**
   **Lies den folgenden Sachtext über die Spaßmacher.**

   Die Spaßmacher

   1 Im Mittelalter gab es Spaßmacher,
   2 die für **Unterhaltung** sorgten und
   3 die Leute zum Lachen brachten.
   4 Dafür gaben die Leute ihnen Geld.
   5 Die Spaßmacher **sangen in Reimen** und
   6 machten oft richtig freche Bemerkungen.
   7 Sie wurden auch Narren genannt
   8 und waren meist auffällig gekleidet.
   9 Oft trugen sie besondere **Kappen**.

5. **Wie wurden die Spaßmacher auch genannt?**
   **Unterstreiche das Nomen oben im Sachtext.**

6. Der Spaßmacher singt in Reimen.
   Was singt er? Ergänze die fehlenden Reimwörter.

Gar böse ist der Abt,

weil er keine Bücher _____!

Da kommt mein Bier,

das lob ich _____!

Doch was will hier

das hässliche _____?

7. Gibt es heute Berufe, die so ähnlich sind
   wie der Beruf des Spaßmachers früher?

a) Überlege mit einem Partner zusammen.

b) Schreibe Beispiele für ähnliche Berufe auf.

_____

_____

_____

8. Jakob liegt auf dem Dachboden versteckt.
   Er sieht ein Licht. Woher stammt es? Kreuze an.

   ❏ von einem brennenden Holzscheit, das
     der Wirt der Schankstube trägt
   ❏ von einer Laterne, die ein Mönch trägt
   ❏ von einer Kerze, die Anna trägt

9. Der Mönch betritt den Stall.
   Was passiert nacheinander?
   Nummeriere die Sätze in der richtigen Reihenfolge.

   ☐ Jakob versteckt sich in einem Heuhaufen.

   ☐ Der Mönch mit den Raubvogel-Augen liest,
   was auf dem Pergament steht, und zerreißt es.

   [1] Der Mönch sieht zum Dachboden hinauf.

   ☐ Etwas später krabbelt Jakob aus dem Heu hervor
   und späht wieder nach unten.

   ☐ Ein zweiter Mönch kommt und bringt
   ein Stück Pergament.

10. Hier siehst du die Pergament-Schnipsel.
    Was steht wohl auf dem Pergament?
    Finde mit einem Partner zusammen
    die richtige Lösung. Schreibe sie in die Kästchen.

# Kapitel 5

Am nächsten Morgen waren Jakob und Anna mit Felix auf dem Weg ins Kloster. Jakob ging in Gedanken die neuen Latein-Vokabeln durch. Anna hatte andere Sorgen. Der Vater hatte ihr befohlen, dass sie sich in den Ställen des Klosters Arbeit suchen solle.

In den Gassen der Kloster-Anlage war viel los.
Als Jakob und Anna die Novizen-Schule erreichten,
blieben sie stehen. Sie hofften, Benni zu treffen.
Und so war es auch. Sie zogen ihn zur Seite und
flüsterten ihm die Neuigkeiten zu.
„Der Dieb will den Schatz aus der Sakristei rauben?",
wiederholte Benni fassungslos.
„Genau. Der will noch mehr Beute machen. Du musst
mit dem Abt sprechen, Benni", sagte Jakob.
„Wenn er mir aber nun nicht glaubt? Ich will nicht wieder
bestraft werden." Benni stockte.
Dann sagte er: „Aber wenn ich an die wertvollen Dinge
in der Sakristei denke, an die Kronen und Schnitzereien
aus Elfenbein … Es gibt dort jede Menge
kostbare Bücher und Bilder aus Gold. Ihr habt recht.
Gleich nach dem Gottesdienst zur Terz will ich
den Abt ansprechen!"
Anna verdrehte die Augen. „Das Leben im Kloster
besteht wohl nur aus Gottesdiensten!"
Benni schüttelte den Kopf und lachte.
„Aber nein", sagte er. „Die Gottesdienste finden nur
zu bestimmten Zeiten statt. Nach der *Mette* in der Nacht
folgt die *Laudes*. Sie endet bei Anbruch der Dämmerung.
Kurz bevor es richtig hell wird, um sechs Uhr,
treffen wir uns zur *Prim*, zur ersten Stunde des Tages.
Gegen neun folgt die *Terz*, um zwölf die *Sext* und
um drei die *None*. *Vesper* und *Komplet* bilden
den Abschluss. Aber jetzt muss ich mich beeilen,
wenn ich nicht zu spät kommen will."
Jakob lachte. „Dann lauf und unterrichte den Abt,
bevor du wieder unangenehm auffällst."

Einige Stunden später saß Benni im *Refektorium* schweigend mit den anderen Mönchen beim Essen. Das Gespräch mit dem Abt war für Benni ein Reinfall gewesen. Abt Richbod hatte ihm nicht geglaubt, ihn einen Narren genannt und fortgeschickt. Benni war sich klein und dumm vorgekommen. Nur mit Mühe hatte er seine Wut zügeln können. Er wusste, dass von ihm absoluter Gehorsam dem Abt gegenüber erwartet wurde. Jetzt aber saß er enttäuscht im Speisesaal und löffelte ohne Appetit seine Suppe. Während der Mahlzeiten herrschte völlige Ruhe im *Refektorium*. Wollte man sich etwas mitteilen, benutzten die Glaubensbrüder eine Zeichensprache. So formte Theodulf mit Daumen und Zeigefinger einen Kreis – und schon reichte ihm jemand das Brot. Plötzlich fiel Benni etwas auf. Bruder Angilbert, der für die Sakristei verantwortlich war, gab auch Zeichen. Er achtete darauf, dass ihn niemand beobachtete, und gab diese Zeichen keinem seiner Mitbrüder, sondern zum Fenster hin! Benni bemerkte dort eine Gestalt, die die Kapuze tief ins Gesicht gezogen hatte. „Der Mönch ohne Gesicht!", schoss es Benni durch den Kopf. Vor Schreck saß er wie gelähmt da. Angilbert faltete die Hände und machte dann das Zeichen für die Eins. Die Gestalt am Fenster nickte. Schlanke Hände wiederholten die Zeichen. Der Mönch ohne Gesicht hatte die Botschaft bestätigt! Und im nächsten Moment war er verschwunden. Angilbert drehte sich in Bennis Richtung und Benni senkte schnell den Blick auf seine Suppe.

War Angilbert der Komplize von dem Dieb?
Angilbert war so groß wie der Mönch, den Benni
bis zum Friedhof verfolgt hatte.
Er könnte es also gewesen sein, der
den Mönch ohne Gesicht dort getroffen hatte.
Sollte Benni noch einmal mit dem Abt sprechen?
Aber was sollte er ihm sagen?
Er hatte keine Zeugen und keine Beweise.
Der Tischnachbar stieß Benni an und deutete
auf Udalrich. Der Lehrer machte Schwimmbewegungen
in der Luft.
Benni verstand und reichte dem Lehrer von dem Fisch.
Dann grübelte er weiter. „Keine Beweise oder Hinweise –
nur diese Zeichen …"
Was hatte Angilbert dem Mönch ohne Gesicht wohl
mitgeteilt? Auf einmal lächelte Benni.
Jetzt wusste er, wann der Täter wieder
zuschlagen wollte.

*Fortsetzung folgt*

1. Was hat Annas Vater am Morgen befohlen?
   Ergänze den Satz in der Sprechblase.

   Geh, Anna! Suche dir _____
   Freunde / Arbeit
   in den _____ des Klosters.
   Ställen / Schulen

2. Anna geht nicht in die Schule wie Jakob und Benni.
   Lies den folgenden Sachtext über Kinder im Mittelalter.

   ### Kinder im Mittelalter

   1. Im Mittelalter gab es für Kinder **nicht** wie bei uns
   2. **überall Schulen**. Es gab auch **keine Schulpflicht**.
   3. Nur die **Klöster** hatten **innere Schulen**
   4. für die Ausbildung der Novizen oder Novizinnen.
   5. Im **Jahr 789** sorgte **Karl der Große** dafür, dass
   6. die Mönche **Schulen für adlige Jungen** einrichteten.
   7. Seitdem gab es in Klöstern neben der inneren Schule
   8. für Novizen auch die **äußere Schule**. Adlige Jungen
   9. lernten dort lesen, schreiben, rechnen und Latein.
   10. Die **Mädchen und die Kinder der armen Leute**
   11. besuchten damals **keine Schule**. Sie mussten
   12. **arbeiten** und helfen, die **Familie** zu **ernähren**.
   13. Sie arbeiteten zum Beispiel **auf den Feldern**.
   14. Mädchen lernten außerdem von der Mutter,
   15. wie man einen **Haushalt** führt. Für Mädchen war es
   16. vorbestimmt, zu **heiraten** und **Kinder** zu **bekommen**.

3. Du hast im Sachtext auf Seite 44 einiges über Kinder im Mittelalter erfahren.
   Sind die folgenden Sätze richtig oder falsch?
   Kreuze an.

|  | richtig | falsch |
|---|---|---|
| Im Mittelalter gab es Klosterschulen. | ☐ | ☐ |
| Alle Kinder gingen im Mittelalter zur Schule. | ☐ | ☐ |
| Karl der Große ließ Schulen für Mädchen einrichten. | ☐ | ☐ |
| Die adligen Jungen gingen in die innere Schule eines Klosters. | ☐ | ☐ |
| Novizen und adlige Jungen lernten lesen, schreiben, rechnen und Latein. | ☐ | ☐ |
| Mädchen und Jungen wurden gleich behandelt. | ☐ | ☐ |
| Die Mädchen lernten, einen Haushalt zu führen. | ☐ | ☐ |
| Mädchen und Kinder von armen Leuten mussten arbeiten. | ☐ | ☐ |
| Für Mädchen war es vorbestimmt, zu heiraten und Kinder zu bekommen. | ☐ | ☐ |

4. Eine knifflige Frage: Würde Annas Bruder zusammen mit Jakob in die äußere Schule gehen dürfen?
   Sprich mit einem Partner darüber.

5. Heute leben Kinder anders als im Mittelalter. Was ist anders?

a) Überlege mit einem Partner.

b) Ergänze die Wörter aus dem Kasten in dem Sachtext über Kinder heute.

> Kinderarbeit / Erziehung / Alter /
> Schulpflicht / Gesetze / gleich

Kinder heute

Heute spielt die _____ von Kindern eine große Rolle. Es gibt _____, in denen aufgeschrieben ist, was für Kinder richtig und was falsch ist. Mädchen und Jungen müssen zum Beispiel _____ behandelt werden. Jedes Kind muss ab einem bestimmten _____ zur Schule gehen. Im Gesetz wird das die _____ genannt. Es gibt auch das Kinder- und Jugendschutzgesetz, worin steht, dass _____ verboten ist.

c) Was ist heute für Kinder noch anders? Schreibe ein Beispiel auf die Linien.

_____

6. Jakob flüstert Benni zu,
   welche Neuigkeiten es von dem Dieb gibt.

a) Was flüstert er?
   Schreibe in die Sprechblase.
   Tipp: Lies noch einmal Seite 41.

   *Der Dieb*

b) Woher weiß Jakob das?
   Kreuze die richtige Antwort an.

   ❏ Jakob hatte die Nachricht
      auf dem zerrissenen Pergament entschlüsselt.
   ❏ Jakob hatte ein Gespräch
      zwischen den verdächtigen Mönchen gehört.

7. Welche wertvollen Dinge gibt es in der Sakristei?
   Schreibe die Antwort auf die Linien.
   Schreibe einen vollständigen Satz.

   *In der*

8. Im Kloster finden jeden Tag zu bestimmten Zeiten Gottesdienste statt. Sie regeln den Tag der Mönche.
Was tust du jeden Tag zur gleichen Uhrzeit?
Schreibe in die Tabelle.
Tipp: Uhrzeiten kannst du in Zahlen notieren, zum Beispiel 7.15 Uhr oder 16.30 Uhr.

| Die Uhrzeit: | Das mache ich: |
|---|---|
| | |
| | |
| | |
| | |
| | |
| | |
| | |
| | |
| | |

9. Benni erzählt dem Abt, dass die Sakristei ausgeraubt werden soll. Was tut der Abt? Kreuze an.

  ❏ Er lässt die Sakristei bewachen.
  ❏ Er schickt Benni fort, weil er ihm nicht glaubt.

**10. Trage in die Liste auf Seite 95 ein:**

*Laudes* → der Gottesdienst vor der Morgendämmerung
*Prim* → der Gottesdienst um 6 Uhr am Morgen, im Mittelalter die Stunde 1 des Tages
*Terz* → der Gottesdienst um 9 Uhr
*Sext* → der Gottesdienst um 12 Uhr
*None* → der Gottesdienst um 15 Uhr
*Vesper* → der Gottesdienst am Abend
*Komplet* → der Gottesdienst vor der Nachtruhe
*Refektorium* → der Speisesaal

**11. Benni beobachtet Bruder Angilbert. Bruder Angilbert gibt einer Gestalt mit Kapuze ein Zeichen. Was vermutet Benni? Kreuze die richtigen Sätze an.**

Benni vermutet, dass
- ❏ die Gestalt mit Kapuze der Mönch ohne Gesicht ist.
- ❏ Bruder Angilbert den Dieb nicht kennt.
- ❏ Bruder Angilbert der Komplize von dem Dieb ist.
- ❏ Bruder Angilbert eine Eins zeigt, weil die Sakristei zur Prim, also zur ersten Stunde, ausgeraubt werden soll.
- ❏ Bruder Angilbert eine Eins zeigt, weil er ein Brot haben will.

# Kapitel 6

Benni berichtete seinen Freunden mit glühenden Wangen, was er beobachtet hatte. „Das Zeichen für die Prim! Der nächste Diebstahl passiert also um sechs Uhr am Morgen!", rief Jakob. „Aber wir wissen nicht, an welchem Tag", sagte Anna. „Leider. Und ausgerechnet Bruder Angilbert steckt mit dem Dieb unter einer Decke. Angilbert hat doch den Schlüssel zur Sakristei", sagte Benni verzweifelt.

„Wir werden nicht zulassen, dass die Schätze geraubt werden!", erwiderte Jakob entschlossen.
Benni sah ihn zweifelnd an. „Ach ja?", fragte er.
„Und wie willst du das anstellen? Wir drei gegen den Mönch ohne Gesicht? Der schreckt doch vor nichts zurück. Der würde uns sogar töten."
„Wir bewachen die Sakristei und schlagen Alarm, wenn jemand dort eindringen will", schlug Jakob vor.

17 „So besteht für uns keine Gefahr", sagte er.
18 „Gute Idee." Anna war einverstanden.
19 Und Benni stimmte schließlich auch zu.

20 Am nächsten Morgen saßen Anna und Jakob
21 kurz vor Sonnenaufgang im Schutz einer alten Eiche
22 und beobachteten die Sakristei. Anna warf für Felix
23 kleine Stöcke, die er freudig zurückbrachte.
24 Jakob beobachtete die schwere Holztür, die
25 in die Sakristei führte. Es würde nicht mehr lange dauern,
26 bis die Glocke zur Prim rief.
27 Ob der Mönch ohne Gesicht heute zuschlagen würde?
28 Jakob war davon überzeugt. Am nächsten Morgen kam
29 Karl der Große mit seinen vielen Soldaten ins Kloster.
30 Da war es für einen Dieb unmöglich, in die Sakristei
31 einzubrechen.
32 Anna warf wieder ein Stöckchen für Felix.
33 „Felix wird uns noch verraten", sagte Jakob, als
34 der Hund davonsauste. Im nächsten Moment hörten
35 die beiden auch schon jemanden schimpfen:
36 „Verschwinde, du hässliches Vieh!"
37 Anna und Jakob sahen, wie Angilbert nach Felix trat.
38 Felix versuchte, den Mönch ins Bein zu beißen.
39 „Jetzt fliegen wir auf", wisperte Jakob.
40 Anna aber stieß einen leisen Pfiff aus.
41 Felix ließ von dem Mönch ab und rannte in Richtung
42 Eiche. „O nein! Jetzt wird Angilbert uns erst recht
43 finden!", zischte Jakob.
44 Blitzschnell schleuderte Anna einen neuen Stock
45 in ein weit entferntes Gebüsch.
46 Bellend verschwand Felix im Dunkel.

47 Angilbert sah dem Hund nach, griff dann
48 zu dem Schlüsselbund an seinem Gürtel und
49 steckte den Schlüssel in das Schloss.
50 „Er schließt die Tür auf", sagte Jakob aufgeregt.
51 Aber das tat der Mönch nicht, sondern drehte sich um.
52 Langsam kam er auf die Eiche zu.
53 „Felix hat uns verraten", flüsterte Jakob.
54 „Nein! Du warst zu laut", zischte Anna.
55 Da schlug die Glocke zur Prim.
56 Angilbert hastete zurück zur Sakristei und schloss
57 die Tür auf. Er blickte sich nervös nach allen Seiten um,
58 dann schlich er in Richtung Kirche davon.
59 Jakob und Anna atmeten erleichtert auf.
60 Plötzlich tauchte Felix aus dem Dunkel wieder auf
61 und lief bellend auf Anna zu.
62 Wieder fuhr Angilbert herum und jetzt entdeckte er
63 die drei.
64 „Was macht ihr hier?", brüllte er. „Verschwindet!"
65 Jakob, Anna und Felix rannten davon.
66 „Was fällt euch ein, hier herumzuspionieren!", schrie
67 Angilbert hinter ihnen her. Er nahm einen Stein
68 und schleuderte ihn in ihre Richtung.
69 Das Geschoss flog ganz knapp an Anna vorbei.
70 Anna rannte auf eine kleine Mauer zu, sprang hinüber
71 und duckte sich dann. Felix war bei ihr.
72 Jakob aber war nicht schnell genug.
73 Der nächste Stein streifte seinen Kopf.
74 Er rettete sich hinter die Mauer, wo Anna lag.
75 „Du blutest!", rief sie.
76 „Nur ein Kratzer", sagte Jakob tapfer. Er war wütend.
77 Angilbert hatte sich abgewandt und lief zur Kirche.

78 „Den sind wir erst einmal los", sagte Jakob erleichtert.
79 Nach einer Weile schlug Anna vor: „Lass uns vorsichtig
80 zurückgehen, damit wir den Dieb nicht verpassen."
81 Wieder versteckten sich die beiden hinter der Eiche.
82 Sie spähten um den dicken Stamm herum zur Sakristei.
83 „Jetzt wissen wir, dass Angilbert
84 mit dem Mönch ohne Gesicht unter einer Decke steckt",
85 erklärte Jakob. „Aber wir brauchen einen Beweis!"
86 „Na, den haben wir doch!", rief Anna.
87 Sie deutete zur Tür der Sakristei.

Fortsetzung folgt

1. Benni berichtet, was er beobachtet hat. Er vermutet, dass der Dieb zur Prim in die Sakristei einbricht.
   Zu welcher Uhrzeit findet dieser Gottesdienst statt?

a) Schlage in deiner Wörterliste auf Seite 94 nach.

b) Kreuze die richtige Uhrzeit an.

   ❏ um sechs Uhr am Abend
   ❏ um sieben Uhr am Abend
   ❏ um sechs Uhr am Morgen
   ❏ um sieben Uhr am Morgen

2. Die drei Freunde wissen nicht, an welchem Tag die Sakristei überfallen werden soll.
   Warum wird der Diebstahl wohl an diesem Morgen passieren und nicht an einem der nächsten Tage?
   Erkläre mit eigenen Worten.
   Schreibe vollständige Sätze auf die Linien.

   _____

   _____

   _____

3. Jakob und Anna bewachen am nächsten Morgen die Sakristei. Warum ist Benni wohl nicht dabei?
   Überlege mit einem Partner zusammen.
   Schreibe den Grund auf.

   _____

4. **Angilbert entdeckt Felix und schimpft.
Welches Wort bringt Felix dazu,
den Mönch ins Bein beißen zu wollen?
Markiere es.**

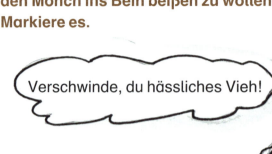

Verschwinde, du hässliches Vieh!

5. **Wodurch entdeckt Angilbert
Jakob und Anna schließlich?**

a) **Suche die Stelle in Kapitel 6.**

b) **Gib die Seite und die Zeilen an.**

   die Seite _____, die Zeilen _____ bis _____

c) **Kreuze die richtige Antwort an.**

   ❏ Annas Pfiff verrät die beiden.
   ❏ Felix' Bellen verrät Jakob und Anna.
   ❏ Jakob verrät sich und Anna, weil er zu laut redet.

6. **Was tut Angilbert?
Unterstreiche den richtigen Satz farbig.**

   Angilbert holt ein Buch aus der Sakristei.
   Angilbert schließt die Sakristei auf.
   Angilbert bricht in die Sakristei ein.
   Angilbert bewacht die Sakristei.

7. Angilbert schreit: „Was fällt euch ein, hier herumzuspionieren?"

a) Was bedeutet **spionieren**?
   Schlage in einem Wörterbuch nach.

b) Schreibe die Bedeutung auf die Linien.

   spionieren:

   _____

   _____

c) Das Verb (Tuwort) **spionieren** kennst du. Welche verwandten Nomen findest du im Wörterbuch? Schreibe sie auf.

   _____

8. Ist Angilbert wohl tatsächlich der Komplize von dem Dieb?
   Überlegt in kleinen Gruppen.
   Sprecht auch über diese Fragen:

   – Wodurch macht sich Angilbert verdächtig?
   – Wie verhält sich Angilbert?
     Ist er gelangweilt oder eher nervös?
   – Wie reagiert er, als er Felix entdeckt?
   – Wie reagiert er, als er Jakob und Anna entdeckt?
   – Warum könnte die Tür der Sakristei ein Beweis dafür sein, dass Angilbert mit dem Dieb unter einer Decke steckt?

# Kapitel 7

Die Tür zur Sakristei stand weit offen. „Der Mönch ohne Gesicht ist wahrscheinlich schon in der Sakristei. Schnell, wir müssen den Abt warnen!", rief Jakob. Er und Anna wollten gerade losrennen, als der Mönch ohne Gesicht durch die Tür der Sakristei nach draußen trat. Die Kapuze war tief in sein Gesicht gezogen, auf dem Rücken trug er einen Sack.

Als der Mönch ohne Gesicht die beiden bemerkte, griff er in seine Kutte. Ein Schwert blitzte auf. Anna und Jakob rannten los und schrien laut um Hilfe. Der Mönch ohne Gesicht fluchte. Er rief seinen Rappen, der in der Nähe versteckt stand, und sprang auf. Der Boden bebte unter den Hufen des mächtigen Pferdes, als es die flüchtenden Kinder verfolgte. Jakob fand Deckung hinter einem Felsen. Anna aber stolperte über eine Wurzel. Der Mönch ohne Gesicht kam rasch näher. Anna schrie, als er mit seinem Schwert weit ausholte. „Wirf dich flach hin!", brüllte Jakob verzweifelt. Anna gehorchte. Der Rappe sprang über das Mädchen hinweg. Das Schwert verfehlte Anna nur knapp. Pferd und Reiter verschwanden in einer Staubwolke. Jakob lief schnell zu Anna hinüber. Die klopfte sich den Staub aus dem Kleid. „Nichts passiert", keuchte sie. „Los, zum Abt!"

Noch nie hatte jemand gewagt, den Gottesdienst zu stören. Jakob aber rief nur vier Worte: „Einbruch in die Sakristei!" Sofort schlug der Abt Alarm. Minuten später war das Kloster voller Männer, die den Dieb fangen wollten. Die Tore wurden verschlossen, aber zu spät. Der Dieb war mit der Beute längst verschwunden. Abt Richbod bat Jakob und Anna zu sich und ließ sich berichten, was sie gesehen hatten. Benni, der hinzugekommen war, lauschte den Worten seiner Freunde neugierig.

„Der Mönch ohne Gesicht?", fragte der Abt
mit Entsetzen in der Stimme. „Wer weiß noch davon?"
„Niemand", antwortete Jakob. „Außer seinem Komplizen
natürlich, Bruder Angilbert."
Angilbert war nicht zum Gottesdienst erschienen
und wurde sofort gesucht.

Der Abt begann, im Raum auf und ab zu gehen.
Dann wandte er sich an Benni. „Benedictus, wir mussten
dich bestrafen, als du in der Nacht fortgelaufen bist.
Dein ungestümes Verhalten ließ uns keine Wahl.
In Zukunft hast du dich zu mäßigen. *Carpe diem!*
Nutze den Tag in Einklang mit Gott und den Gesetzen.
Und nun geht, ihr drei. Überlasst die Suche
nach dem Dieb den Erwachsenen."

Die drei Freunde wollten sich gerade zurückziehen,
als zwei Mönche Angilbert hereinbrachten.
Grimmig starrte er die drei an.
„Wir haben dich gesucht, Bruder Angilbert", sagte
der Abt kühl.
„Ich hatte Magenschmerzen. Im Heilkräutergarten
wollte ich ein Mittel für einen Trank finden."
„Das lässt sich überprüfen", sagte Abt Richbod.
„Und jetzt geh ins *Dormitorium*. Verweile dort,
bis wir dich rufen. Wir anderen werden uns
in den Kapitelsaal zur Beratung zurückziehen.
Du weißt ja: Tu alles mit Rat, dann brauchst du
nach der Tat nichts zu bereuen."
Angilbert brauste auf. „Darf ich wenigstens erfahren,
was vorgefallen ist?"

Richbod donnerte: „Schweig! Geh ins *Dormitorium*. *Stante pede!* – Sofort! Und übe dich in Geduld. Hinaus! Und für euch Kinder gilt dasselbe."

Hinter einer Säule beobachteten die drei Freunde, wie Udalrich Angilbert in den Schlafsaal begleitete. „Wir sollten hier bleiben und den Eingang des Schlafsaals beobachten. Vielleicht versucht Angilbert zu fliehen", sagte Benni. Jakob und Anna waren einverstanden. Nach ungefähr einer Stunde preschte ein Reiter heran, der eine Nachricht für Angilbert brachte. „Ich wüsste zu gern, was in dem Brief steht", sagte Jakob.
„Sollen wir versuchen, es herauszubekommen?", fragte Benni.
„Du willst zu der Tür schleichen?", fragte Jakob.
„Ja, und du kommst mit. Anna sollte mit Felix hierbleiben und aufpassen", sagte Benni.
Anna nickte und streichelte Felix über den Kopf.

Jakob und Benni pirschten leise zum *Dormitorium* hinüber und in den ersten Stock. Dort schauten sie vorsichtig durch die Tür in den Schlafsaal. Angilbert saß auf seiner Binsenmatte und Udalrich starrte aus dem Fenster. Von dem Brief war nichts zu sehen. Die Jungen wendeten sich zum Gehen, als ein paar Münzen in Jakobs Tasche klimperten. Mit einem Satz war Angilbert an der Tür.
„Ihr schon wieder!", rief er. Fest zog er Benni am Ohr. Udalrich kam hinterher und erkannte Jakob.

„Ah, mein missratener Schüler. Ich muss dir wohl erst noch gutes Benehmen beibringen. Man schleicht nicht in fremde Zimmer!", schimpfte Udalrich und gab Jakob eine schallende Ohrfeige.

Jakob schrie auf. Auch Benni begann zu jammern. Angilbert hielt Benni noch immer am Ohr fest.

„Dich will ich lehren, falsche Verdächtigungen über mich zu verbreiten! Damit du es weißt: Ich habe mit dem Mönch ohne Gesicht nichts zu tun! Ich war beim Gottesdienst. Meine Mitbrüder werden einsehen, dass ich unschuldig bin."

„Aber Sie haben die Tür zur Sakristei offen gelassen!", rief Benni.

„Na und? Ich habe vielleicht einfach vergessen, sie wieder abzuschließen." Angilbert lachte.

Bennis Ohr schmerzte heftig. Um sich zu befreien, trat er Angilbert vors Schienbein. Der schrie auf und ließ Benni los. Auch Jakob riss sich von Udalrich los, und die beiden Jungen flohen, so schnell sie konnten, aus dem Schlafsaal. Angilbert und Udalrich riefen ihnen Verwünschungen hinterher.

Außer Atem kamen die Jungen bei Anna an. Die machte große Augen. „Er hat mir fast das Ohr abgerissen", jammerte Benni.

Jakob rieb sich die glühende Wange. „Ich habe auch etwas abbekommen. Aber es hat sich gelohnt. Angilbert hat sich endgültig verraten. Er hat etwas gesagt, wovon er gar nichts wissen kann. Das wird den Abt interessieren."

Fortsetzung folgt

1. Der Mönch ohne Gesicht hat mit Hilfe seines Komplizen die Sakristei überfallen. Hier findest du einen Plan, den er gemacht haben könnte.

a) Die Sätze sind durcheinandergeraten. Lies die Sätze.

b) Was soll nacheinander geschehen? Nummeriere die Sätze in der richtigen Reihenfolge.

- [ ] Vor dem Gottesdienst zur Prim schließt mein Komplize die Tür zur Sakristei auf.
- [ ] Ich verabrede mit meinem Komplizen den Zeitpunkt für den Überfall.
- [ ] Ich stehle den Schatz aus der Sakristei, während die Mönche beim Gottesdienst sind.

2. Worin schleppt der Mönch ohne Gesicht den gestohlenen Schatz fort? Kreise ein.
Tipp: Lies noch einmal Seite 58.

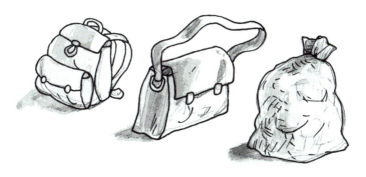

3. Der Mönch ohne Gesicht greift Anna und Jakob an.
Stell dir vor, Anna berichtet dem Abt
von der gefährlichen Begegnung.
Was erzählt sie wohl? Ergänze die Sätze.
Tipp: Der Satzanfang wird großgeschrieben.

Ich / uns / mich / Ich / Ich / mich / mir / Ich / ich / mir

Der Mönch ohne Gesicht zog ein Schwert. Jakob und ich rannten los und schrien laut um Hilfe. Der Mönch ohne Gesicht verfolgte _____ beide auf seinem Rappen. Jakob versteckte sich hinter einem Felsen. _____ stolperte über eine Wurzel. Der Mönch ohne Gesicht kam rasch näher. _____ schrie, als er mit seinem Schwert weit ausholte. „Wirf dich flach hin!", brüllte Jakob. _____ gehorchte. Der Rappe sprang über _____ hinweg. Das Schwert verfehlte _____ nur knapp. Pferd und Reiter verschwanden in einer Staubwolke. Jakob lief schnell zu _____ herüber. _____ klopfte _____ den Staub aus dem Kleid. „Nichts passiert!", sagte _____.

4. Der Mönch ohne Gesicht flieht mit dem Schatz.
   Sicher sucht er ein gutes Versteck für den Schatz.
   Wo könnte das sein? Male in den Rahmen.

5. Der Abt schickt Angilbert ins *Dormitorium*.
   Er selbst geht in den Kapitelsaal.
   Was sind das für Räume? Verbinde.
   Tipp: Lies noch einmal die Seiten 60 und 61.

| *Dormitorium* | der große Raum, in dem sich die Mönche zur Beratung versammeln |
| Kapitelsaal | der gemeinsame Schlafsaal der Mönche |

6. Der Abt möchte sich mit anderen Mönchen beraten.
   Lies den folgenden Sachtext.

   **Die Beratung und die Ratschläge**

   1. Wenn es wichtige Fragen im Kloster zu klären gab,
   2. ließ der Abt die Mönche in den Kapitelsaal kommen.
   3. Dort hörte er sich ihre Ratschläge zur Lösung
   4. eines Problems an. Das Motto im Kloster lautete:
   5. Tu alles mit Rat, dann brauchst du nach der Tat
   6. nichts zu bereuen. Der Abt entschied am Ende allein.
   7. Er handelte so, wie er es für richtig hielt.

7. Was hast du im Sachtext erfahren?
   Unterstreiche Schlüsselwörter im Text.
   Tipp: Die Fragen helfen dir.

   – Wohin kamen die Mönche, wenn es etwas
     zu besprechen gab?
   – Was hörte sich der Abt an?
   – Wie lautete das Motto des Klosters?
   – Wer entschied am Ende?

8. Das Motto des Klosters kann auch für euch gelten.

a) Was bedeutet das Motto? Überlegt in Gruppen.

   Tu alles mit Rat, dann brauchst du
   nach der Tat nichts zu bereuen.

b) Wie könnte das Motto anders aufgeschrieben
   werden? Formuliert es für eure Klasse.
   Schreibt es an die Tafel.

9. Udalrich und Angilbert entdecken Jakob und Benni.
   Der Lehrer gibt Jakob eine Ohrfeige.
   Angilbert zieht Benni heftig am Ohr.

a) Welche Wörter passen zu dem Verhalten der Mönche?
   Kreise sie ein.

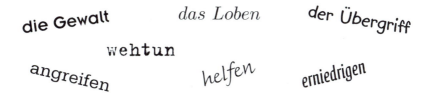

b) Bei uns ist es verboten, Kinder zu schlagen oder
   seelisch zu erniedrigen.
   Warum ist Gewalt gegen Kinder wohl verboten?
   Sammle mit einem Partner Gründe für das Verbot:
   – Schreibe eine passende Überschrift auf ein Blatt.
   – Schreibe darunter so viele Gründe wie möglich.
   – Lies sie in der Klasse vor.

10. Angilbert verrät sich. Er sagt etwas, wovon er
    gar nichts wissen kann, wenn er unschuldig ist.
    Wovon kann er nichts wissen?
    Sprecht in der Klasse darüber.
    Tipp: Lest noch einmal Seite 62.

11. Trage in die Liste auf Seite 95 ein:

    *Dormitorium* → der Schlafsaal
    *Carpe diem!* → Nutze den Tag!
    *Stante pede!* → Stehenden Fußes! = Sofort!

# Kapitel 8

Jakob erklärte: „Angilbert hat sich selbst verraten, weil er von dem Mönch ohne Gesicht gesprochen hat. Von dem war aber vorher nie die Rede. Er kann ihn auch nicht gesehen haben, wenn er beim Gottesdienst war."
Zusammen mit seinen Freunden lief Jakob zum Abt, um ihn und die anderen Mönche zu informieren.
Einige Mönche rannten sofort in den Schlafsaal, um Angilbert den Wachen zu übergeben.

9   Angilbert aber wurde durch das Geschrei gewarnt.
10  Er stieß Udalrich aus dem Fenster. Der Lehrer landete
11  zum Glück weich in einer Karre mit Mist, die zufällig
12  unter dem Fenster stand. Danach verschwand Angilbert.

13  Benni war als Erster im Schlafsaal, aber der war leer.
14  „Er ist in diese Richtung geflohen", rief der mit Mist
15  bekleckerte Udalrich und zeigte zum Klosterausgang.

16 Um Udalrich standen Schaulustige herum.
17 Unter ihnen war auch Liafwin, der Spaßmacher,
18 der sofort einen Spottreim dichtete:
19 „Es kam einmal im hohen Bogen
20 ein Mönchlein angeflogen.
21 Und landete, wie ihr wohl wisst,
22 in einer Karre mit altem Mist!"

23 Udalrich stapfte zum Badehaus, während sich
24 die anderen Mönche, die Wachen und auch
25 die drei Freunde mit Felix auf die Suche nach Angilbert
26 machten. Im Kloster herrschte dichtes Gedränge.
27 „Da ist er!", brüllte Benni auf einmal und deutete
28 auf einen Marktstand mit feinen Stoffen. Angilbert packte
29 eine Rolle mit Seide und schleuderte sie
30 seinen Verfolgern entgegen. Er kletterte über die Ware,
31 die anderen Mönche folgten ihm. Der Stoffhändler
32 raufte sich verzweifelt die Haare.
33 Angilbert hatte einen kleinen Vorsprung.
34 Doch plötzlich rutschte er aus und prallte
35 gegen einen Stand mit Honigtöpfen.
36 Die Töpfe fielen hinunter und die klebrige, süße Masse
37 verteilte sich auf dem Boden. Jakob, Benni, Anna und
38 Felix sprangen darüber hinweg, die Mönche aber
39 blieben im Honig stecken, manche verloren sogar
40 ihre Schuhe.
41 Angilbert, der schnell weitergelaufen war, riss
42 einen Korb mit Äpfeln um und die Früchte kullerten
43 über den Weg.
44 Benni rutschte auf einem Apfel aus. Jakob half ihm
45 wieder auf und weiter ging die Verfolgungsjagd.

⁴⁶ Nur noch zehn Meter trennten Benni, Jakob, Anna und
⁴⁷ Felix von Angilbert. Da bückte sich Angilbert, ergriff
⁴⁸ einen Apfel und warf ihn auf seine Verfolger.
⁴⁹ Anna duckte sich und der Apfel traf Abt Richbod
⁵⁰ genau auf die Nase. Jetzt warf Benni ebenfalls
⁵¹ mit Äpfeln. Er traf Angilbert mehrfach.
⁵² Aber der Mönch floh an den Bäumen vorbei
⁵³ über den Friedhof und durch den Gemüsegarten.
⁵⁴ Die wilde Jagd ging weiter durch die Hühnerställe.
⁵⁵ „Nicht zu fassen, wie schnell der ist!", rief Anna.
⁵⁶ Felix rannte hechelnd hinter ihr her. Angilbert lief
⁵⁷ inzwischen wieder in Richtung der Marktstände.
⁵⁸ Er öffnete das Gatter eines Schafhändlers.
⁵⁹ Die Schafe blökten, bockten und sprangen
⁶⁰ durcheinander. Zelte stürzten um, Holz splitterte und
⁶¹ Fässer rollten über die Straße.
⁶² Das Geschrei der Marktfrauen und Händler war groß.
⁶³ Die drei Freunde sahen, dass Angilbert den Weinkeller
⁶⁴ des Klosters erreichte. Dabei verlor er etwas.
⁶⁵ „Da! Ein Brief!", schrie Benni.
⁶⁶ Er lief hin und steckte das Pergament in seine Kutte.
⁶⁷ Angilbert war in den Kellerräumen verschwunden.
⁶⁸ Kurz nach Benni und seinen Freunden trafen der Abt
⁶⁹ und seine Männer ein. Sie suchten den Keller
⁷⁰ nach Angilbert ab. Felix beteiligte sich an der Suche,
⁷¹ die Nase dicht auf den Boden gepresst.
⁷² Plötzlich schlug er vor einem großen Fass an
⁷³ und bellte. Das Fass wurde geöffnet.
⁷⁴ Angilberts kahler Kopf kam daraus hervor.
⁷⁵ „Nehmt ihn fest", befahl der Abt. „Gut gemacht,
⁷⁶ kleiner Hund! *Valde bona*!", lobte er Felix.

77 Später holte Benni den Brief aus seiner Kutte hervor
78 und zeigte ihn seinen Freunden.
79 „Was soll das denn heißen?", rätselte Jakob.
80 „Das muss eine Geheimschrift sein", sagte Anna.
81 „Bestimmt eine Botschaft von dem Mönch ohne Gesicht.
82 Vielleicht enthält sie einen Hinweis, wo er sich
83 mit seinem Komplizen treffen will."

Trffpnkt Glgnbrg ht Mttrncht!

84 „Und ich weiß jetzt auch, was die Geheimschrift
85 bedeutet!", rief Benni.

Fortsetzung folgt

1. Angilbert stößt Udalrich aus dem Fenster.
   Worin landet der Lehrer?

a) Streiche das falsche Bild durch.

b) Schreibe die Antwort auf die Linie.

_Udalrich_ _____ .

2. Wer dichtet einen Spottreim auf den Lehrer?
   Kreuze an.

   ❑ Benni     ❑ Angilbert
   ❑ Liafwin   ❑ Anna

3. Eine wilde Verfolgungsjagd beginnt.
   Wer wird verfolgt?
   Kreise die richtige Person ein.

Abt Richbod     der Mönch ohne Gesicht     Angilbert

4. An einem Marktstand verkauft ein Händler
   feine Stoffe.
   Welchen Stoff schleudert Angilbert
   seinen Verfolgern entgegen? Kreuze an.
   Tipp: Lies noch einmal Seite 70.

   ❏ die Baumwolle   ❏ das Leinen   ❏ die Seide

5. Was passiert am Stand mit den Honigtöpfen?
   Ergänze die Sätze.

   Angilbert _____ aus und

   _____ gegen die Honigtöpfe.

   Die Töpfe_____ hinunter und

   die _____, _____ Masse

   verteilt sich auf dem Boden. Jakob, Benni, Anna und

   Felix _____ darüber _____,

   die Mönche aber bleiben im Honig _____ .

   Manche _____ sogar ihre Schuhe.

6. Angilbert reißt einen Korb mit Äpfeln um.
   Was passiert danach?
   Verbinde so, dass die Aussagen stimmen.

   | | |
   |---|---|
   | Die Früchte | auf einem Apfel aus. |
   | Benni rutscht | kullern über den Weg. |
   | Jakob hilft | einen Apfel auf die Verfolger. |
   | Angilbert wirft | Benni aufzustehen. |

7. Wohin flüchtet Angilbert nacheinander?
   Nummeriere die Angaben auf dem Fass
   in der richtigen Reihenfolge.
   Tipp: Lies noch einmal Seite 71.

   [ ] in den Weinkeller
   [1] an den Bäumen vorbei
   [ ] durch den Gemüsegarten
   [ ] durch ein Gatter
   [ ] durch die Hühnerställe
   [ ] über den Friedhof
   [ ] in ein Fass

8. Wer entdeckt Angilbert in dem Fass?
   Verbinde die Buchstaben des Alphabets der Reihe nach, dann siehst du es.

9. Was verliert Angilbert auf der Flucht?
   Beantworte die Frage mit einem vollständigen Satz.

   _____

   _____

10. In dem Brief, den Angilbert verloren hat,
    steht eine geheime Botschaft.
    Kannst du das Rätsel der geheimen Botschaft lösen?

a) Welche Buchstaben fehlen?
   Berate dich mit einem Partner.

b) Ergänze die fehlenden Buchstaben.

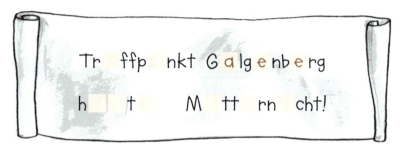

Tr ffp nkt Galgenberg
h t Mtt rn cht!

11. Denke dir selbst eine kurze geheime Botschaft
    für einen Partner aus.

a) Schreibe die geheime Botschaft
   ohne die Vokale (Selbstlaute)
   in gut lesbarer Schrift auf die Linien.

b) Zeige die geheime Botschaft deinem Partner.
   Schafft er es, die Botschaft zu entschlüsseln?

# Kapitel 9

1 „Treffpunkt Galgenberg heute Mitternacht!
2 Das ist die geheime Nachricht.
3 Der Mönch ohne Gesicht hat einfach die Vokale
4 weggelassen", erklärte Benni.
5 „Der Galgenberg ist unheimlich. Ob die Diebe dort
6 ihre Beute teilen wollen?", überlegte Jakob laut.
7 „Vielleicht ist aber auch der Schatz dort versteckt.
8 Oder der Mönch ohne Gesicht hat sich dort verkrochen."

„Das sollten wir auf jeden Fall überprüfen. Ich habe jedenfalls keine Angst", sagte Anna entschlossen.
„Aber müssen wir nicht dem Abt Bescheid sagen?", warf Benni ein.
„Ach was. Wir schaffen das allein. Und wenn wir falsch liegen, kann uns hinterher keiner auslachen", verteidigte Anna ihren Vorschlag.
Schließlich stimmten Benni und Jakob zu.
„Ich muss aber etwas in mein Bett legen, damit niemand merkt, dass ich fort bin. Und zur Mette muss ich auf jeden Fall zurück sein", sagte Benni.

Als die Kinder kurz vor Mitternacht den Waldweg zum Galgenberg entlangliefen, wehte ein kühler Wind. Der Vollmond strahlte weiß am dunklen Nachthimmel. Fledermäuse huschten über die Köpfe der Kinder hinweg und irgendwo heulte ein Wolf.
Der Weg führte bergauf zu dem Hügel, auf dem ganz oben der Galgen stand. Der schmale Weg hinauf zu dieser Hinrichtungsstätte war nachts besonders gefährlich. Überall lauerten tiefe Schluchten.
„Es wird ein Gewitter geben", warnte Anna die Jungen, als Wolken aufzogen und der Wind stärker wurde.
Die beiden nickten und ihre Schritte wurden vorsichtiger.
Als sie die Bergspitze endlich erreicht hatten, zerrte der Wind an ihren Kleidern. Herbstlaub wehte durch die Luft. Plötzlich war ein lautes Donnern zu hören.
Felix sprang vor Schreck in Annas Arm.
Die ersten Regentropfen fielen vom Himmel.
Die drei Freunde versteckten sich hinter einem Felsen.
Plötzlich spitzte Felix die Ohren und knurrte leise.

39 Die drei lauschten. Ja! Jetzt hörten sie es auch.
40 Huf-Getrappel! Sie sahen vorsichtig über den Felsen.
41 Ein Blitz erhellte die Finsternis.
42 Für einen Moment war ein Reiter zu sehen, der
43 eine Laterne anzündete. Er ritt auf den Galgen zu.
44 Das musste der Mönch ohne Gesicht sein!
45 Anna drückte Felix dicht an sich.
46 Da riss sich Felix los und rannte aus dem Versteck
47 direkt auf den Reiter zu. Im nächsten Moment hatte sich
48 der Reiter Felix geschnappt.
49 „Wen haben wir denn da? Dich kenne ich doch!", rief
50 der Reiter. Die Stimme kam den Kindern bekannt vor.
51 „Du bist der Hund von dem Bauernmädchen."
52 Er leuchtete mit seiner Laterne die Umgebung ab.
53 „Kommt heraus, Kinder, oder ich schneide der Töle
54 die Kehle durch."
55 Der Mönch hielt den strampelnden Felix in die Luft,
56 stellte die Laterne ab und zog sein Schwert.
57 „Bisher hat niemand gewagt, mich hier zu suchen.
58 Alle haben Angst vor diesem Ort. Aber ihr habt
59 mein Versteck entdeckt. Also muss ich
60 mit meinen Schätzen nun fort von hier. Und da sich
61 Angilbert hat schnappen lassen, der Dummkopf,
62 muss ich nicht einmal mehr mit ihm teilen."
63 Der Mönch ohne Gesicht lachte laut auf.
64 Benni nahm all seinen Mut zusammen. „Wer bist du,
65 dass du die Schätze unseres Klosters stiehlst?"
66 „Oh, ich habe mich noch gar nicht vorgestellt.
67 Entschuldigung!", höhnte der Mönch und zog
68 die Kapuze vom Kopf. Die Kinder zuckten zurück.
69 Es war Liafwin, der Spaßmacher.

„Als Mönch und als Spaßmacher komme ich überall hin, bin überall gern gesehen. Niemand traut mir etwas Böses zu. Aber bitte versteht, ich habe es ein wenig eilig."
Liafwin, der falsche Mönch, packte sein Schwert fester und zielte auf Felix' Hals.
„Ich denke, ich fange mit dem hässlichen Vieh an."
Bei dem Wort „hässlich" biss Felix dem Spaßmacher in die Hand.
Liafwin brüllte auf und ließ sein Schwert fallen.
Jetzt stürzten sich die drei Freunde auf Liafwin.
Der falsche Mönch verlor das Gleichgewicht und fiel zu Boden. Anna zog einen Strick hervor, mit dem sie den Spaßmacher fesselten.
Er zappelte wie ein Fisch im Netz.
„Tja, nenne den süßen Felix nie hässlich! Das mag er gar nicht", keuchte Anna erschöpft.
Sie drückte Felix einen dicken Kuss auf das Fell.
„Jetzt müssen wir noch den Schatz finden!", rief Jakob.
Liafwin stieß ein irres Lachen aus und dichtete:
„Das Suchen könnt ihr lassen,
den Schatz werdet ihr niemals fassen!
Denn ihr seid kleine Kinder
und keine großen Finder!"
Benni rief zornig: „Das wollen wir doch erst einmal sehen. Kommt, wir durchsuchen den elenden Kerl."
In der Kutte des Spaßmachers stieß Jakob auf eine Karte des Dorfes.
„Da ist der kleine See, der Fluss, die alte Römerstraße und hier ist sogar unser Hof!", rief Anna. „Hast du den Schatz etwa im Dorf versteckt?"

101 Der Spaßmacher aber spottete sofort:
102 „Zu gut ist mein Versteck,
103 gebt's auf, seid so nett!"
104 „Lasst ihn", winkte Benni ab. „Wir binden ihn
105 auf seinen Rappen und bringen ihn ins Kloster."

106 Auf dem Heimweg merkten sie, wie erschöpft sie waren.
107 Liafwin dagegen dichtete leise vor sich hin:
108 „Ein jeder liebt dies kühle Nass,
109 dabei ist's kein Bier vom Fass.
110 Um sich daran zu laben,
111 musste man einst tief graben.
112 Es ist so klar und auch so rein,
113 darin sollte mein Verstecke sein.
114 Doch findet ihr's nicht im Fluss,
115 auch der See bringt nur Verdruss!"
116 Anna hörte nachdenklich zu.
117 Was bedeuteten die Worte des Spaßmachers nur?
118 Plötzlich stieß sie einen Schrei aus.
119 „Schnell, gebt mir die Laterne." Sie beugte sich
120 mit der Laterne über die Karte. Dann deutete sie
121 auf eine Stelle in der Karte.
122 „Hier ist der Schatz versteckt!", rief sie.

Fortsetzung folgt

1. Die drei Freunde gehen zum Galgenberg hinauf.
   Im folgenden Sachtext erfährst du, was
   ein Galgenberg im Mittelalter war. Lies den Sachtext.

### Ein Galgen auf dem Berg

1 Im **Mittelalter** wurden Menschen,
2 die ein Verbrechen begangen hatten,
3 oft noch **mit dem Tode bestraft**
4 **und hingerichtet**. Häufig wurden sie
5 **an einem Galgen erhängt**,
6 der auf einem **Berg** stand.
7 Ein Berg mit Galgen hieß **Galgenberg**.

8 **Heute** gibt es bei uns
9 **keine Hinrichtungen** und
10 **keine Berge mit Galgen** mehr.
11 Aber es gibt noch Berge, die
12 den Namen **Galgenberg** tragen.

2. Was hast du im Sachtext erfahren?
   Kreuze die richtigen Sätze an.

   ❏ Im Mittelalter wurden Menschen noch
   mit dem Tode bestraft. Das gibt es bei uns nicht mehr.
   ❏ Früher stand auf einem Galgenberg ein Galgen.
   ❏ Heute gibt es keine Berge mehr,
   die den Namen Galgenberg tragen.

3. Wie ist es auf dem Galgenberg?
   Kreise passende Adjektive ein.
   Tipp: Lies vorher noch einmal Seite 79.

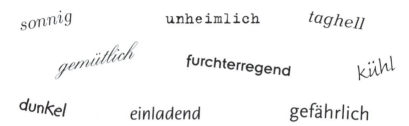

sonnig   unheimlich   taghell

gemütlich   furchterregend   kühl

dunkel   einladend   gefährlich

4. Hier siehst du die drei Freunde
   auf dem unheimlichen Waldweg.
   Was denken sie wohl?
   Schreibe in die Denkblasen.

5. Der Mönch ohne Gesicht kommt den Galgenberg heraufgeritten. Wer ist der Mönch ohne Gesicht?

a) Schreibe auf, welche Personen zu sehen sind. Schreibe ihre Namen in die Kästchen.

b) Verbinde die richtige Person mit dem Mönch ohne Gesicht.

ist der Mönch ohne Gesicht.

6. **Liafwin ist der Mönch ohne Gesicht!**
   **Warum gibt sich der Dieb Liafwin gern als Spaßmacher oder Mönch aus?**

a) Sprich mit einem Partner darüber.

b) Schreibe drei Gründe auf.

   1. Grund: _____
   _____

   2. Grund: _____
   _____

   3. Grund: _____
   _____

7. **Liafwin nennt Felix hässlich.**
   **Da beißt Felix ihn. Wohin? Kreuze an.**

   ❏ in den Po   ❏ ins Bein   ❏ in die Hand

8. **Die Kinder können Liafwin fesseln.**
   **Welchen Rat gibt Anna dem Spaßmacher?**
   **Ergänze den Satz.**

Tja, nenne den süßen Felix _____!

9. Hier siehst du die Schatzkarte von Liafwin.
   Das Versteck hat etwas mit „kühlem Nass" zu tun,
   aber es ist kein Fass Bier, kein See, kein Fluss.
   Wo ist der Schatz wohl versteckt?

a) Suche das Versteck auf der Karte mit einem Partner.

b) Markiere die Stelle, wo du das Versteck vermutest.

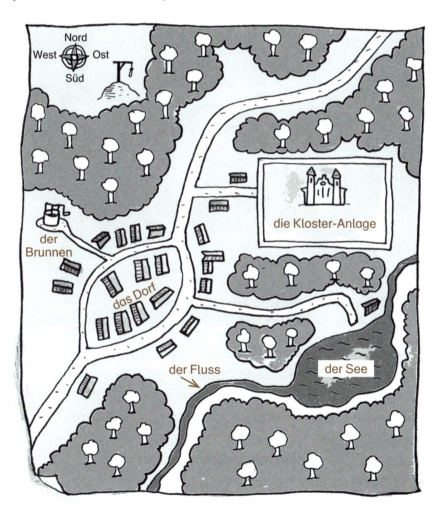

# Kapitel 10

1 „Das Diebesgut ist im Brunnen versteckt!", rief Anna.
2 „Kühles Nass, für das man früher tief graben musste!
3 Ein gutes Rätsel, aber nicht schwer genug für uns."
4 Sie tanzte Liafwin, der sie böse ansah, vor der Nase
5 herum. „Der Dorfbrunnen ist schon lange ausgetrocknet.
6 Wir gehen hin und ihr lasst mich vorsichtig
7 mit dem Wassereimer an der Kette hinunter",
8 bestimmte Anna.

9 Eine halbe Stunde später ließen die Jungen
10 Anna in dem großen Holzeimer in die Tiefe hinab.
11 Unten angekommen, stieg Anna aus dem Eimer.
12 Der Boden war weich und feucht. Ratten huschten
13 über die nackten Füße des Mädchens. Anna biss
14 die Zähne zusammen und hielt die Laterne
15 über ihren Kopf. Sie entdeckte mehrere lose Steine.
16 Anna entfernte die Steine und griff in ein Loch
17 in der Wand des Brunnens.
18 Asseln wimmelten plötzlich auf Annas Armen und
19 sie schrie vor Schreck auf. Mutig griff sie noch einmal
20 in das Loch und bekam eine Kiste zu fassen.
21 Sie zerrte sie nach draußen, aber die Kiste war
22 so schwer, dass sie ihr aus den Händen fiel.
23 Der Deckel sprang auf. Vor Annas Füßen funkelten
24 Gold und Silber, mit Edelsteinen geschmückte Schalen,
25 Kelche und kostbare Bücher.
26 In der Kiste war der Schatz der Sakristei!

27 Am nächsten Morgen herrschte im Kloster
28 Festtagsstimmung. Sogar die Schule fiel aus.
29 Alle warteten auf die Ankunft von Karl dem Großen.
30 Der Kaiser musste jeden Moment eintreffen und
31 mit ihm ein großes Gefolge aus Kriegern, Priestern,
32 Schreibern, Dienern, Knechten und Mägden.
33 Der Abt stand in der Sakristei und sprach ein Dankesgebet
34 für den außerordentlichen Mut der Kinder.
35 Alle Schätze waren wieder an ihrem Platz.
36 Auch Theodulf war glücklich. In der Bibliothek hatte er
37 ein paar besonders schöne, reich verzierte Bücher
38 so aufgestellt, dass der Kaiser sie gleich sehen musste.

39 Udalrich lehnte in der Tür zur äußeren Schule.
40 Er war froh, dass er sich heute nicht
41 über ungehorsame Schüler ärgern musste.
42 Dass ausgerechnet einer seiner Schüler
43 einer der Helden des Dorfes war, machte Udalrich stolz.
44 Außerdem freute sich der Lehrer auf das Festmahl,
45 das es zu Ehren von Karl dem Großen geben würde.
46 Die drei Freunde aber saßen auf einer Anhöhe
47 beim Klostereingang und warteten auf die Ankunft
48 des Kaisers.
49 „Wie sehe ich aus?", fragte Anna zum wiederholten Male
50 und drehte sich in ihrem neuen Kleid und den Schuhen
51 vor den Jungen.
52 In ihrem Haar funkelte eine silberne Spange.
53 „Du siehst aus wie eine Prinzessin", sagten Jakob und
54 Benni wie aus einem Mund. Sie hatten beide Anna
55 ihren Anteil an der Belohnung geschenkt, die sie
56 bekommen hatten. Benni durfte als Novize ohnehin
57 nichts besitzen und Jakob war der Sohn eines Adligen.
58 Er brauchte dieses Geld nicht so sehr
59 wie Anna, die Tochter eines armen Bauern.
60 *„Et cuncta erant bona!"*, seufzte Benni.
61 „Bitte?", fragte Jakob.
62 „Und alles war gut! Du wirst Latein wohl nie lernen,
63 Jakob."
64 Jakob sprang auf. „Ich habe dafür wenigstens Augen
65 im Kopf! Seht, da kommt der Kaiser!"

Ende

1. Anna vermutet, dass der Schatz in dem ausgetrockneten Brunnen im Dorf versteckt ist. Was schlägt sie vor? Kreuze an.

    ❏ Die Jungen sollen in den Brunnen klettern.
    ❏ Die Jungen sollen Anna im Wassereimer in den Brunnen hinablassen.
    ❏ Es sollen Erwachsene zu Hilfe kommen.

2. Diese Tiere leben in dem Brunnen.

a) Schreibe die Tiernamen im Singular (in der Einzahl) auf.
   Tipp: Lies noch einmal Seite 89.

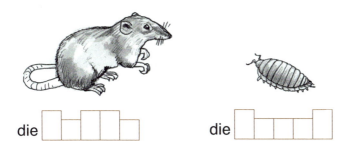

die ☐☐☐☐        die ☐☐☐☐

b) Informiere dich in Partnerarbeit über die Tiere:
    – Suche dir einen Partner.
    – Wähle ein Tier aus.
    – Informiere dich im Lexikon oder im Internet über das Tier.
    – Notiere die Informationen auf Karteikarten.
    – Stelle die Ergebnisse deinem Partner vor.
    – Dein Partner informiert sich über das andere Tier.
    – Er stellt dir seine Ergebnisse vor.

3. Anna ist unten im Brunnen und sucht den Schatz.
   Wie ist Anna?
   Verbinde Anna mit Adjektiven, die du passend findest.

dickköpfig    furchtlos    tapfer

mutig                      pfiffig

                           ängstlich

albern                     
                              brav

selbstbewusst    schlau

4. Im Mittelalter wurde gern gereimt.
   Hier ist ein Reim über Anna.
   Ergänze passende Reimwörter.

   Anna war unten im Brunnen alleine.

   Plötzlich entdeckte sie lose _____.

   Sie griff mutig in ein Loch in der Wand,

   worin sie eine Kiste _____.

   Die schwere Kiste fiel zu Boden,

   den Schatz darin brachte sie schnell nach _____.

   Die Jungen haben erleichtert gelacht.

   Sie riefen: „Anna, das hast du

   großartig _____!"

5. Stellt euch vor, Jakob, Anna und Benni bringen den Schatz zum Kloster zurück. Dort warten schon der Abt Richbod und der Lehrer Udalrich.
   Was sagen oder fragen die Männer?
   Was erzählen die drei Freunde?
   Macht dazu ein Rollenspiel:
   – Bildet Gruppen.
   – Entscheidet, wer welche Person spielt.
   – Überlegt, wie sich jede Person fühlt.
     Macht euch Notizen zu eurer Rolle.
   – Überlegt, was die Person sagen könnte.
     Macht euch auch dazu Notizen.
   – Übt euer Rollenspiel gemeinsam.
   – Führt das Rollenspiel in der Klasse vor.

**Notizen für meine Rolle**
Ich spiele diese Person:
_____

So fühle ich mich in meiner Rolle:
_____

Das sage ich:

1. „_____
   _____."

2. „_____
   _____."

6. Du hast den Ratekrimi über den Mönch ohne Gesicht zu Ende gelesen.
   Wie fandest du den Ratekrimi? Kreuze an.

   ❏ spannend       ❏ langweilig
   ❏ interessant    ❏ schwierig

7. Wie heißt der Autor des Ratekrimis „Der Mönch ohne Gesicht"?

a) Lies den Sachtext über den Autor.

b) Unterstreiche den Namen des Autors im Sachtext.

1 Den Ratekrimi „Der Mönch
2 ohne Gesicht" hat Fabian Lenk
3 geschrieben. Er wurde 1963
4 in Salzgitter geboren. Er arbeitet
5 als Redakteur und mag Fußball,
6 Musik und Brettspiele. Fabian Lenk schreibt
7 für Erwachsene und für Kinder und Jugendliche.

**Meine Wörterliste**

der Novize → _____

_____ → _____

_____ → _____

_____ → _____

_Et cuncta erant bona!_ → _Und alles war gut!_

Originalausgabe:
Fabian Lenk: „Tatort Geschichte – Der Mönch ohne Gesicht"
© 2002 Loewe Verlag GmbH, Bindlach

Foto S. 94: privat

Redaktion: lüra – Klemt & Mues GbR
Technische Umsetzung: Manuela Mantey-Frempong

**www.cornelsen.de**

1. Auflage, 1. Druck 2009

Alle Drucke dieser Auflage sind inhaltlich unverändert
und können im Unterricht nebeneinander verwendet werden.

© 2009 Cornelsen Verlag, Berlin

Das Werk und seine Teile sind urheberrechtlich geschützt.
Jede Nutzung in anderen als den gesetzlich zugelassenen Fällen bedarf
der vorherigen schriftlichen Einwilligung des Verlages.
Hinweis zu den §§ 46, 52a UrhG: Weder das Werk noch seine Teile dürfen
ohne eine solche Einwilligung eingescannt und in ein Netzwerk eingestellt
oder sonst öffentlich gemacht werden. Dies gilt auch für Intranets
von Schulen und sonstigen Bildungseinrichtungen.

Druck: CS-Druck CornelsenStürtz, Berlin

ISBN 978-3-464-60219-5

 Inhalt gedruckt auf säurefreiem Papier aus nachhaltiger Forstwirtschaft.

**Lösungen**

# Tatort Geschichte –
# Der Mönch ohne Gesicht

> Versuche immer erst, die Aufgabe selbst zu lösen.
> Vergleiche dann dein Ergebnis mit den Lösungen und
> Lösungsvorschlägen in diesem Heft.

**Lösungen und Lösungsvorschläge
zu den Aufgaben von Kapitel 1:**

**1**

1. Die richtige Antwort ist:
   ☒ durch einen dunklen Gang und die Schreibstube
   zur Bibliothek in einem Kloster.

2. **a)** Hier können wir dir keinen Lösungsvorschlag machen.

   **b)** Diese Vermutung und Begründung könntest du
   aufgeschrieben haben:
   Der Schatten ist von einer Katze. Denn Katzen jagen Ratten
   und fauchen.

3. Sicher hast du diese Gegenstände
   eingekreist:

   die kostbaren Bücher

4. Hier können wir dir keinen Lösungsvorschlag machen.

5. So könntest du die Fragen beantwortet haben:
   – Wie leben die Bewohner in einem Kloster?
   **Die Bewohner eines Klosters leben von der Außenwelt
   abgeschlossen.**
   – Wie heißen die Bewohner in einem Kloster für Männer?
   **Die Bewohner eines Klosters für Männer heißen Mönche.**

- Wem widmen die Bewohner ihr Leben?
  **Sie widmen ihr Leben Gott.**
- Welche Gebäude gab es im Mittelalter in einer großen Kloster-Anlage zum Beispiel?
  **Es gab zum Beispiel eine Kirche, eine Bibliothek, eine Schreibstube, Schlafräume, eine Krankenstation, ein Badehaus und einen Friedhof.**

6. a) Hier können wir dir keinen Lösungsvorschlag machen.

   b) **das Pergament:**
      zu Schreibpapier verarbeitete Tierhaut, im Altertum und Mittelalter üblich

7. Sicher hast du so verbunden:

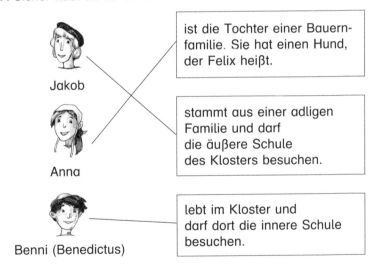

8. a) Hier können wir dir keinen Lösungsvorschlag machen.

   b) Sicher hast du dieses Wort unterstrichen:

   <u>novus</u> = neu

**9.** Die lateinische Redewendung heißt:
*Ora et labora.* Das bedeutet: Bete und arbeite.

**10.** Sicher hast du die Liste auf Seite 94 begonnen.

**11. a) und b)** Hier können wir euch keine Lösungsvorschläge machen.

**12. a)** Hier können wir euch keinen Lösungsvorschlag machen.

**b)** Wenn ein Dieb das Fenster von außen eingeschlagen hätte, um in die Bibliothek einzubrechen, dann müssten die Scherben **innen** liegen.

**Lösungen und Lösungsvorschläge
zu den Aufgaben von Kapitel 2:**

2

**1.** Die Glasscherben liegen außerhalb des Gebäudes. Also hat jemand das Fenster von **innen** eingeschlagen und die Scherben sind nach **außen** gefallen. Damit will der Dieb vermutlich eine **falsche Spur** legen. Vielleicht hat der Dieb einen **Komplizen** im Kloster, der ihn **hereingelassen** hat.

**2.** Sicher hast du diese Sprechblase durchgestrichen:

**3.** Sicher hast du die Sätze am Faden gelesen:
Der Abt leitet und verwaltet das Kloster.
Er ist sozusagen der Chef.
Die Mönche müssen dem Abt gehorchen.

**4.** Die richtigen Antworten sind:
☒ Felix zwickt den Bauern ins Bein.
☒ Anna sagt, dass man Felix nicht hässlich nennen darf, weil er dann immer zubeißt.

**5.** Hier können wir euch keinen Lösungsvorschlag machen.

**6.** Vergleiche deine Lösung mit der Lösung eines anderen Schülers.

**7.** Hier können wir dir keinen Lösungsvorschlag machen.

**8.** Sicher hast du im Sachtext diese Sätze unterstrichen:

– in den Zeilen 2 bis 5:
<u>Christen kommen in die Kirche, um zu beten oder gemeinsam Gottesdienste oder eine Heirat oder eine Taufe zu feiern.</u>

– in den Zeilen 8 bis 12:
<u>In der Sakristei, einem Nebenraum, werden Gegenstände aufbewahrt, die für den Gottesdienst benötigt werden, zum Beispiel die Kleidung des Priesters, die Kerzen, die Kelche und die Bücher.</u>

**9.** Hier können wir euch keinen Lösungsvorschlag machen.

**10.** Sicher hast du die Liste auf Seite 94 ergänzt.

**11.** Sicher hast du so verbunden:

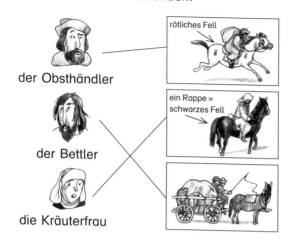

der Obsthändler

der Bettler

die Kräuterfrau

**12.** Hier können wir euch keinen Lösungsvorschlag machen.

## Lösungen und Lösungsvorschläge zu den Aufgaben von Kapitel 3:

**3**

**1.** Die richtige Antwort ist:
Der Mönch ohne Gesicht wird so genannt, weil
☒ er die Kapuze seiner Kutte so tief ins Gesicht gezogen hat, dass noch nie jemand sein Gesicht gesehen hat.

**2. a)** Hier können wir dir keinen Lösungsvorschlag machen.

**b)** Das könntest du deinem Partner erklärt haben:
Früher haben die Bauern zum Beispiel ihre Schweine mit Eicheln gefüttert. Das nennt man Eichelmast.
Die Schweine wurden dann später geschlachtet.

**3. a)** Hier können wir dir keinen Lösungsvorschlag machen.

**b)** Sicher hast du diese Verben eingekreist:
beobachten, aufpassen

**4.** Folgende Wörter könntest du unter die Bilder geschrieben haben:

auf dem Feld **arbeiten**   **beten**

Bücher **abschreiben**   **lesen**

**5.** Vergleiche dein Bild mit den Bildern anderer Schüler.

**6.** Sicher hast du die Liste auf den Seiten 94 und 95 ergänzt.

**7. und 8.** Vergleiche deine Lösungen mit den Lösungen anderer Schüler.

## Lösungen und Lösungsvorschläge zu den Aufgaben von Kapitel 4:

**4**

**1.** Die richtigen Antworten sind:
- ☒ Benni muss schweigen.
- ☒ Benni muss allein arbeiten.

**2.** Vergleiche deine Lösung mit der Lösung eines anderen Schülers.

**3.** Jakob und Anna **suchen** nach dem verdächtigen Mönch, aber sie finden ihn nicht. Sie **sehen** auch im Stall nach. Dort **entdecken** sie einen Rappen, der dem Mönch ohne Gesicht gehören könnte. Jakob **versteckt** sich im Stall. Anna **serviert** den Gästen in der Schankstube Getränke und Essen.

**4.** Hier können wir dir keinen Lösungsvorschlag machen.

5. Sicher hast du dieses Nomen in der Zeile 7 des Sachtextes unterstrichen: die <u>Narren</u>.

6. Bestimmt hast du folgende Reimwörter gefunden:

Gar böse ist der Abt,
weil er keine Bücher **hat**!
Da kommt mein Bier,
das lob ich **mir**!
Doch was will hier
das hässliche **Tier**?

7. **a)** Hier können wir dir keinen Lösungsvorschlag machen.

   **b)** Diese Berufe könntest du zum Beispiel aufgeschrieben haben:
   der Schauspieler, der Sänger, der Straßenkünstler,
   der Entertainer [Entertäiner], der Moderator,
   der Comedian [Komidiän].

8. Die richtige Antwort ist:
   ☒ von einer Laterne, die ein Mönch trägt

9. ☐2 Jakob versteckt sich in einem Heuhaufen.

   ☐5 Der Mönch mit den Raubvogel-Augen liest,
   was auf dem Pergament steht, und zerreißt es.

   ☐1 Der Mönch sieht zum Dachboden hinauf.

   ☐3 Etwas später krabbelt Jakob aus dem Heu hervor und
   späht wieder nach unten.

   ☐4 Ein zweiter Mönch kommt und bringt ein Stück Pergament.

10. d e r   S c h a t z   d e r   S a k r i s t e i

## Lösungen und Lösungsvorschläge zu den Aufgaben von Kapitel 5:

**1.**
> Geh, Anna! Suche dir **Arbeit** in den **Ställen** des Klosters.

**2.** Hier können wir dir keinen Lösungsvorschlag machen.

**3.**

|  | richtig | falsch |
|---|---|---|
| Im Mittelalter gab es Klosterschulen. | ☒ | ☐ |
| Alle Kinder gingen im Mittelalter zur Schule. | ☐ | ☒ |
| Karl der Große ließ Schulen für Mädchen einrichten. | ☐ | ☒ |
| Die adligen Jungen gingen in die innere Schule eines Klosters. | ☐ | ☒ |
| Novizen und adlige Jungen lernten lesen, schreiben, rechnen und Latein. | ☒ | ☐ |
| Mädchen und Jungen wurden gleich behandelt. | ☐ | ☒ |
| Die Mädchen lernten, einen Haushalt zu führen. | ☒ | ☐ |
| Mädchen und Kinder von armen Leuten mussten arbeiten. | ☒ | ☐ |
| Für Mädchen war es vorbestimmt, zu heiraten und Kinder zu bekommen. | ☒ | ☐ |

**4.** So könntet ihr die knifflige Frage besprochen haben:
Anna ist das Kind von einer armen Bauernfamilie.
Wenn sie einen Bruder hat, darf dieser als Bauernjunge nicht mit Jakob in die äußere Schule. Die äußere Schule dürfen nur Kinder von Adligen besuchen, zum Beispiel Kinder von einem Grafen oder Herzog.

**5. a)** Hier können wir euch keinen Lösungsvorschlag machen.
  **b)** Heute spielt die **Erziehung** von Kindern eine große Rolle. Es gibt **Gesetze,** in denen aufgeschrieben ist, was für Kinder richtig und was falsch ist. Mädchen und Jungen müssen zum Beispiel **gleich** behandelt werden. Jedes Kind muss ab einem bestimmten **Alter** zur Schule gehen. Im Gesetz wird das die **Schulpflicht** genannt. Es gibt auch das Kinder- und Jugendschutzgesetz, worin steht, dass **Kinderarbeit** verboten ist.
  **c)** Vergleiche deine Lösung mit Lösungen von anderen Schülern.

**6. a)**

Der Dieb will den Schatz aus der Sakristei rauben!

  **b)** Die richtige Antwort ist:
  ☒ Jakob hatte die Nachricht auf dem zerrissenen Pergament entschlüsselt.

**7.** In der Sakristei gibt es Kronen und Schnitzereien aus Elfenbein, kostbare Bücher und Bilder aus Gold.

**8.** Vergleiche deine Lösung mit der Lösung eines anderen Schülers.

**9.** Die richtige Antwort ist:
  ☒ Er schickt Benni fort, weil er ihm nicht glaubt.

**10.** Sicher hast du die Liste auf Seite 95 ergänzt.

11. Die richtigen Antworten sind:
    Benni vermutet, dass
    ☒ die Gestalt mit Kapuze der Mönch ohne Gesicht ist.
    ☒ Bruder Angilbert der Komplize von dem Dieb ist.
    ☒ Bruder Angilbert eine Eins zeigt, weil die Sakristei zur Prim, also zur ersten Stunde, ausgeraubt werden soll.

**Lösungen und Lösungsvorschläge zu den Aufgaben von Kapitel 6:**

1. a) Hier können wir dir keinen Lösungsvorschlag machen.

   b) Die richtige Antwort ist:
   ☒ um sechs Uhr am Morgen

2. Vergleiche deine Lösung mit der Lösung eines anderen Schülers.

3. Diesen Grund könntest du aufgeschrieben haben:
   Benni muss zum Gottesdienst.

4. Sicher hast du dieses Wort markiert: hässliches.

5. a) Hier können wir dir keinen Lösungsvorschlag machen.

   b) die Seite 53, die Zeilen 60 bis 76

   c) Die richtige Antwort ist:
   ☒ Felix' Bellen verrät Jakob und Anna.

6. Sicher hast du diesen Satz farbig unterstrichen:
   Angilbert schließt die Sakristei auf.

7. a) Hier können wir dir keinen Lösungsvorschlag machen.

   b) spionieren:
   **heimlich beobachten, auskundschaften, ausspähen, erspähen**

   c) Diese verwandten Nomen könntest du aufgeschrieben haben:
   der Spion, die Spionin, die Spionage

8. Hier können wir euch keinen Lösungsvorschlag machen.

## Lösungen und Lösungsvorschläge zu den Aufgaben von Kapitel 7:

**1. a)** Hier können wir dir keinen Lösungsvorschlag machen.

**b)** ☐2 Vor dem Gottesdienst zur Prim schließt mein Komplize die Tür zur Sakristei auf.
☐1 Ich verabrede mit meinem Komplizen den Zeitpunkt für den Überfall.
☐3 Ich stehle den Schatz aus der Sakristei, während die Mönche beim Gottesdienst sind.

**2.** Sicher hast du dieses Bild eingekreist:

**3.** Der Mönch ohne Gesicht zog ein Schwert. Jakob und ich rannten los und schrien laut um Hilfe. Der Mönch ohne Gesicht verfolgte **uns** beide auf seinem Rappen. Jakob versteckte sich hinter einem Felsen. **Ich** stolperte über eine Wurzel. Der Mönch ohne Gesicht kam rasch näher. **Ich** schrie, als er mit seinem Schwert weit ausholte. „Wirf dich flach hin!", brüllte Jakob. **Ich** gehorchte. Der Rappe sprang über **mich** hinweg. Das Schwert verfehlte **mich** nur knapp. Pferd und Reiter verschwanden in einer Staubwolke. Jakob lief schnell zu **mir** herüber. **Ich** klopfte **mir** den Staub aus dem Kleid. „Nichts passiert!", sagte **ich**.

**4.** Vergleiche deine Lösung mit der Lösung eines anderen Schülers.

**5.**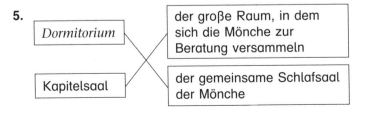

**6.** Hier können wir dir keinen Lösungsvorschlag machen.

**7.** Sicher hast du folgende Schlüsselwörter im Sachtext unterstrichen:
in Zeile 2: <u>Kapitelsaal</u>
in Zeile 3: <u>Ratschläge</u>
in den Zeilen 5 bis 6: <u>Tue alles mit Rat, dann brauchst du nach der Tat nichts zu bereuen.</u>
in Zeile 6: <u>Der Abt entschied</u>

**8. a) und b)** Hier können wir euch keine Lösungsvorschläge machen.

**9. a)** Sicher hast du diese Wörter eingekreist:
die Gewalt, wehtun, angreifen, erniedrigen, der Übergriff

**b)** Vergleiche deine Lösung mit den Lösungen anderer Schüler.

**10.** Hier können wir euch keinen Lösungsvorschlag machen.

**11.** Sicher hast du die Liste auf Seite 95 ergänzt.

## Lösungen und Lösungsvorschläge zu den Aufgaben von Kapitel 8:

**8**

**1. a)** Sicher hast du dieses Bild durchgestrichen:

**b)** Diese Antwort könntest du auf die Linie geschrieben haben:
Udalrich landet in einer Karre Mist.

**2.** Die richtige Antwort ist: ☒ Liafwin

3. Sicher hast du diese Person eingekreist:

4. Die richtige Antwort ist:
   ☒ die Seide

5. Angilbert **rutscht** aus und **prallt** gegen die Honigtöpfe. Die Töpfe **fallen** hinunter und die **klebrige, süße** Masse verteilt sich auf dem Boden. Jakob, Benni, Anna und Felix **springen** darüber **hinweg**, die Mönche aber bleiben im Honig **stecken**. Manche **verlieren** sogar ihre Schuhe.

6.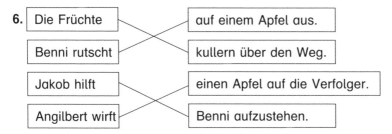

   - Die Früchte — kullern über den Weg.
   - Benni rutscht — auf einem Apfel aus.
   - Jakob hilft — Benni aufzustehen.
   - Angilbert wirft — einen Apfel auf die Verfolger.

7. 6 in den Weinkeller
   1 an den Bäumen vorbei
   3 durch den Gemüsegarten
   5 durch ein Gatter
   4 durch die Hühnerställe
   2 über den Friedhof
   7 in ein Fass

8. Vergleiche deine Lösung mit der Lösung eines anderen Schülers.

9. Mit diesem Satz könntest du die Frage beantwortet haben: Angilbert verliert einen Brief mit einer Geheimschrift.

10. **a)** Es fehlen die Vokale (Selbstlaute).

    **b)** Tr**e**ffp**u**nkt G**a**lg**e**nb**e**rg h**eu**te M**i**tt**e**rn**a**cht!

11. **a) und b)** Hier können wir dir keine Lösungsvorschläge machen.

## Lösungen und Lösungsvorschläge zu den Aufgaben von Kapitel 9:

**1.** Hier können wir dir keinen Lösungsvorschlag machen.

**2.** Die richtigen Sätze sind:
   ☒ Im Mittelalter wurden Menschen noch mit dem Tode bestraft. Das gibt es bei uns nicht mehr.
   ☒ Früher stand auf einem Galgenberg ein Galgen.

**3.** Sicher hast du diese Adjektive eingekreist:
   dunkel, furchterregend, unheimlich, kühl, gefährlich.

**4.** Vergleiche deine Lösung mit der Lösung eines anderen Schülers.

**5. a) und b)**

Angilbert

Udalrich

Liafwin

ist der Mönch ohne Gesicht.

**6. a)** Hier können wir dir keinen Lösungsvorschlag machen.
  **b)** Diese Gründe könntest du aufgeschrieben haben:
  1. Grund: Ein Spaßmacher ist überall gern gesehen und willkommen.
  2. Grund: Niemand traut einem Mönch etwas Böses zu.
  3. Grund: Ein Mönch fällt im Kloster nicht auf.

**7.** Die richtige Antwort ist:
  ☒ in die Hand

**8.**

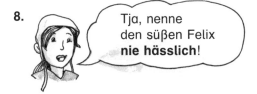

**9. a) und b)** Vergleiche deine Lösung mit der Lösung eines anderen Schülers.

**Lösungen und Lösungsvorschläge zu den Aufgaben von Kapitel 10:**

# 10

**1.** Die richtige Antwort ist:
  ☒ Die Jungen sollen Anna im Wassereimer in den Brunnen hinablassen.

**2. a)**

die R a t t e      die A s s e l

**b)** Hier können wir dir keinen Lösungsvorschlag machen.

3. Vergleiche deine Lösung mit der Lösung eines anderen Schülers.

4. Anna war unten im Brunnen alleine.
   Plötzlich entdeckte sie lose **Steine**.
   Sie griff mutig in ein Loch in der Wand,
   worin sie eine Kiste **fand**.
   Die schwere Kiste fiel zu Boden,
   den Schatz darin brachte sie schnell nach **oben**.
   Die Jungen haben erleichtert gelacht.
   Sie riefen: „Anna, das hast du großartig **gemacht**!"

5. Hier können wir euch keinen Lösungsvorschlag machen.

6. Hier können wir dir keinen Lösungsvorschlag machen.

7. **a)** Hier können wir dir keinen Lösungsvorschlag machen.

   **b)** Sicher hast du im Sachtext den Namen des Autors unterstrichen: Fabian Lenk.